阿米巴模式

稻盛和夫的实学

[日]三矢裕
[日]谷武幸
[日]加护野忠男 著
刘建英 译
曹岫云 审译

人民东方出版传媒
東方出版社

图书在版编目（CIP）数据

稻盛和夫的实学. 阿米巴模式 / (日) 三矢裕, (日) 谷武幸, (日) 加护野忠男 著；刘建英 译.
—修订本.— 北京：东方出版社，2013.3
ISBN 978-7-5060-6155-1

Ⅰ. ①稻… Ⅱ. ①三… ②谷… ③加… ④刘… Ⅲ. ①陶瓷工业—工业企业管理—经验—日本—现代 Ⅳ. ①F431.367

中国版本图书馆CIP数据核字（2013）第058237号

稻盛和夫的实学：阿米巴模式
（DAOSHENGHEFU DE SHIXUE:AMIBA MOSHI）

作　　者：［日］三矢裕　加护野忠男　谷武幸
译　　者：刘建英
审　　译：曹岫云
责任编辑：贺　方
出　　版：东方出版社
发　　行：人民东方出版传媒有限公司
地　　址：北京市东城区朝阳门内大街166号
邮　　编：100010
印　　刷：北京文昌阁彩色印刷有限责任公司
版　　次：2013年6月第1版
印　　次：2023年4月第20次印刷
印　　数：95501—98500册
开　　本：880毫米×1230毫米　1/32
印　　张：7
字　　数：125千字
书　　号：ISBN 978-7-5060-6155-1
定　　价：39.00元
发行电话：（010）85924663　85924644　85924641

阿米巴经营——企业管理的革命

500年前王阳明龙场大悟,悟到了"心即理也,此心无私欲之蔽即是天理,不须外面添一分。"就是说"人的良知即为天理"。用良知来应对一切、把良知发挥到极致,就是王阳明的"致良知"。

稻盛和夫"三十而立",他在30岁前后已经相当完整地构建了他的企业哲学。而他的哲学的核心,即他在生活、工作和经营中悟出的真理,用一句话概括就是:把"作为人,何谓正确"当作判断一切事物的基准。就是把作为人应该做的正确的事情以正确的方式贯彻到底。

在人类智慧的巅峰上,这两位哲人不谋而合,殊途同归。

追求"作为人,何谓正确",落实到经营企业的具体模式上,稻盛和夫发明了"阿米巴经营"。如果你读过稻盛所著的《阿米巴经营》一书,再认真读完本书,并且了解稻盛和夫赤手空拳40年间创建两家世界500强企业的经历,那么你就不能不承认"阿米巴经营”才是这个世界上最先进、最有效、最人性化、最值得学习推广的经营管理模式;你就会理解,京瓷和 KDDI 的持续成功不过是稻盛哲学和“阿米巴经营”的产物;你也会相信稻盛和夫一定会把他的哲学以及“阿米巴经营”导入日航,并使日航重建成功。

在无锡有一家规模不大的企业,名叫京瓷化学(无锡)有限公司。它的前身是日本东芝的一家分公司在无锡的独资企业,曾经连续八年亏损。在这家企业里,日本人和中国人之间、中国人相互之间都缺乏信任。后来东芝把这家分公司卖给了京瓷,这家分公司的一位年轻的中国籍的技术员转到了京瓷。经短期培训后,他于 2003 年被派往无锡当总经理。奇迹出现了:一年后企业扭亏为盈,一年四个月后企业的利润冲抵了前八年的亏损;去年企业人均利润高达 22 万元,在今后的两至三年内,企业人数基本不变而利润还要翻番。企业人际关系空前和谐,一派生气勃勃的景象。这家企业起死回生的秘诀就是稻盛哲学和“阿米巴经营”。经营者是中国人,全体员工都是中国人,在中国的土地上,稻盛哲学和“阿米巴经营”开花结果意义深远。

“阿米巴经营”是一种管理模式。它似乎是“术”,但它有效实施的前提在于“道”。这个“道”就是追求“作为人,何谓正确”的企业哲学,也就是京瓷公司的经营理念:“在追求全体员工物质和精神两方面幸福的同时,为人类社会的进步发展作出贡献。”

这个“道”虽然简单,但对于我们绝大多数企业而言,转变经营理念无异于一场原有意识的革命。

在日本有许多企业都导入过“阿米巴经营”,凡是把它单纯作为“术”引入的大体上都失败了。凡是把“道”和“术”相结合的都成功了。京瓷化学(无锡)有限公司的总经理对我说,实行“阿米巴经营”开始有点繁,但一点也不难,因为真正落实了全员经营,可以说全体员工都在相当程度上获得了物质和精神两方面的幸福。办企业本来就应该如此,我们以前怎么就没有想到呢?

追求并实现“全体员工物质和精神两方面的幸福”,这符合“天道”。如果把“全体员工”扩展为全体国民乃至全人类,这难道不就是我们的先人贤人们所憧憬的世界大同吗?从这个意义上讲,稻盛创办京瓷和 KDDI 是一种出色的社会实验。稻盛经营企业的哲学以及将这种哲学加以具体化的“阿米巴经营”,值得我们中国人,特别是中国的企业家们认真地学习和借鉴。

稻盛和夫(北京)管理顾问有限公司

董事长、总经理曹岫云

总序

什么是阿米巴经营

• 日式赋权管理模式

阿米巴经营是京瓷(KYOCERA Corporation)创始人稻盛和夫(现任名誉会长)独创的小集体独立核算制度,当时京瓷还仅仅是一个名不见经传的小工厂。所谓阿米巴经营模式就是将整个公司分割成许多个被称为阿米巴的小型组织,每个小型组织都作为一个独立的利润中心,按照一个小企业、小商店的方式进行独立经营。比如制造部门的每道工序都可以成为一个阿米巴,另外,销售部门也可以按照地区或者产品分割成若干个阿米巴。可能许多读者曾经在杂志或者书刊上见到过阿米巴经营这个名词,但真正了解阿米巴经营模式的却不多。

我们三位笔者也不例外。开始着手调查之前,我们对阿米巴的理解也非常肤浅,甚至还有些误解:

“把整个公司细分为若干小型的阿米巴真的可以实现有效的授权吗?”

“单位时间核算是一种非常严格的管理模式,对企业员工来讲会不会太残酷、太苛刻?”

“过于强调单个阿米巴的核算会不会导致各个阿米巴以自我为中心,从而搅乱了公司整体的和谐?”

“阿米巴经营只不过是一种现场改善活动,它真的能够作为一种整体活动给整个公司带来一场根本性的变革吗?”

“战后京瓷的迅速崛起在很大程度上难道不应该归功于稻盛先生个人的领袖魅力吗?”

“阿米巴经营是在特定条件下产生的一种特殊的管理模式,只适合于浓厚的京瓷文化。”

由此可见,当初,我们并没认为阿米巴经营是一种非常合理的经营模式。

但随着采访的深入,我们对阿米巴经营的看法发生了一百八十度的转变。现场的员工和我们当初想象的截然不同,并没感觉到他们工作特别辛苦或有什么抱怨。阿米巴经营是一种全员参与型的经营模式,是基于对员工的信任而把每个阿米巴的运营托付给员工,从而建立起一种朝着共同目标努力的强有力的合作关系。因此,阿米巴经营能够激发所有员工的主动精神,增强所有员工而不仅仅是一小部分管理层人员的成就感。阿米巴经营也不仅仅是进行现场改善的工具,而是一套完整的管理体系。

同时阿米巴经营又是一套极其合理的管理体系。单位时间核算制度,迅速反映市场需求的弹性组织和后面章节讲述的与其他组织结构的有机结合,最大限度地发挥了员工的潜能。可以说,阿米巴经营支撑起了京瓷的发展奇迹,是一种日式的赋权管理模式。

• 阿米巴经营的推广

之前,阿米巴经营理论一直都是绝密,很少为外人所知。1989 年京瓷成立经营信息系统事业部(1995 年独立,改名为京瓷通信系统株式会社,即 KYOCERA COMMUNICATION SYSTEMS Co. , Ltd. 。以下简称为 KCCS。2006 年又从发展壮大后的 KCCS 独立,改名为 KCCS 管理咨询株式会社,简称 KC-MC),开始提供阿米巴经营的相关咨询业务。时至今日,已经有许多公司引进了阿米巴经营模式。

这些公司普遍反映,引进阿米巴经营模式后,“上下级之间的信息交流得到了很大的改善”,“公司内部开始形成一种全员参与型的氛围”,“员工的核算意识提高了”。另外还有公司反映“公司运营变得非常透明,决策指示比以前容易多了”。可以这样说,阿米巴经营的引进大大改善了公司的管理体制。

公司管理体制强健,利润就会随之增加。株式会社 SYSTEC 在 1994 年引进了阿米巴经营模式。一年之后,该公司营业利润由一年前的690万日元猛增到1.16亿日元。虽然销售额仅增加了1.7倍,但利润却是一年前的17倍。该公司梶村社长在谈到阿米巴经营的引进效果时说:“因为原来的利润基数低,有这么大幅度的利润增长或许是理所当然的事。但此后利润仍然不断增长。”如同梶村社长提到的,“员工已经慢慢体会到了提高财务数字带来的成就感和乐趣”,在所有员工的共同努力下,1996年该公司营业利润进一步提高到3.98亿日元。株式会社SYSTEC的改变是货真价实、震撼人心的。

当然,在感受到阿米巴经营魅力的同时,也有许多公司负责人持有这样的疑虑:“我们公司缺乏管理方面的人才,阿米巴经营模式很难在我们公司推行。”笔者认为,事实恰恰相反。阿米巴经营正是一种培养此类管理人才的经营模式。每个阿米巴领导人如同一个小公司的社长,必须站在经营者的角度经营各自的阿米巴。而这样锻炼出来的主管都是能够独当一面的优秀人才。

除此之外,也有人担心“每个阿米巴都要进行单独核算,肯定需要大量的票据,反而会额外增加管理成本”。不能否认,阿米巴经营的管理工作确实比较繁琐,但电脑的使用可以大大降低这种成本。而且,阿米巴经营的一个重要特色就是极大地提高非营利部门员工的成本意识,能够促使他们积极改善工作效率,消除工作中的浪费。因此公司整体的成本非但不会增加,反而会大大减少。

● 阿米巴经营理念

谈起京瓷,就不能不提到他的创始人,也就是现在的名誉会长稻盛先生。稻盛先生的经营哲学已经上升为“京瓷哲学”,成为京瓷员工的精神支柱。

阿米巴经营的成功与否在很大程度上依赖于阿米巴领导人的自主判断,这就要求阿米巴领导人必须要有正确的判断基准。京瓷哲学为此提供了依据,告诉员工应该做什么,不应该做什么。同时,做个好员工之前首先要学会做人,因此这种判断基准又必须以高度的道德观和做人准则为基础。

阿米巴领导人要努力提高各自阿米巴的效益,但不能无视公平、正义,不能忽略对其他阿米巴的帮助以及和其他阿米巴的合作。阿米巴领导人必须要有为公司整体作出贡献的思想,只有这样,才能有效地发挥它的作用。

● 正确理解阿米巴经营

阿米巴经营成功的关键在于,通过这种经营模式明确企业发展方向,并把它传递给每位员工。因此,必须要让每位员工深刻理解阿米巴经营的具体模式,包括组织构造、运行方式以及背后的思维方式。如果员工对阿米巴经营没有一个正确的理解,结果就会流于形式主义，出现以自我为中心，为了自己阿米巴的利益而损害其他部门利益的情况。也有可能会因为达成目标的压力过大，而导致员工心理疲劳。

本书力求把一个原汁原味的阿米巴经营模式，也就是京瓷的经营模式详细地展现给广大读者。在本书中，除了介绍阿米巴的经营模式外，我们还会详细解读在阿米巴经营模式下，企业主管以及广大员工应该具有的思考方式和行为准则。我们坚信，本书将为推广阿米巴经营的负责人、阿米巴领导人，以及所有参与阿米巴经营的人提供最好的素材。

● 决策层，别忘了传递你的激情

理解了阿米巴经营后，接下来就是实践了。也就是要让所有的员工都参与进来，让阿米巴经营生根发芽。当然，说起来容易做起来难，激发所有员工的热情，调动大家的积极性光靠推广负责人的孤军奋战是不行的。

我们需要的是决策层“竭尽全力让阿米巴经营渗透到公司每个角落”的激情，决策层要把自己的这种激情传递给每位员工。阿米巴经营要实现每个细节的高度透明，通过这种高度透明的管理方式拉近员工和管理层的距离，让员工体会到引进阿米巴经营的价值，从而促使员工更加认真积极地投入到阿米巴经营中去。

● 决策层，一定要亲临前线进行指挥

引进阿米巴经营，实际上是在公司内部掀起一场根本性的变革，因此难免会有部分员工产生抵触情绪。其实，许多企业在决定引进阿米巴经营时，都遭到了部分员工的强烈反对，比如“不伦不类，不感兴趣”，“只会加重我们的工作负担，没什么好处”，“简直就是浪费资金”等等。遇到此类情况，只有决策层才能说服员工，让他们了解引进阿米巴经营的好处。

把握员工心理，引导员工挑战更高的目标对决策者来讲是个很重要的课题。在实施阿米巴经营时，针对稻盛先生是如何发挥他的领导作用这一点，本书将作详细的解释。

在第七章里，我们将详细介绍株式会社 SYSTEC 等两家公司引进阿米巴经营的实例。到底公司负责人是在什么背景下引进阿米巴经营的？在引进阿米巴经营的过程中遇到了哪些难题，又是如何克服的？

无论您是某企业的决策人，还是对阿米巴经营感兴趣的一般读者，或者是正苦于推广阿米巴经营的负责人，又或是不知如何调动员工积极性的管理人员，都请务必参考本书，相信一定会对您有所启发和帮助。

目 录

第一章　京瓷的经营　001

一、创业以来的大胆创新精神　/ 003

二、阿米巴经营——培养企业家的经营　/ 006

三、阿米巴经营的活力　/ 011

四、每位员工都是经营者　/ 016

第二章　阿米巴经营的目的　019

一、组织结构创新　/ 021

二、实现全员参与的经营　/ 022

三、通过核算衡量员工贡献,培养员工的目标意识　/ 025

四、实行高度透明的经营　/ 031

五、自上而下和自下而上的整合　/ 035

六、培养领导人　/ 039

七、阿米巴经营和赋权　/ 042

第三章　阿米巴之间通过内部交易展开竞争　045

一、把市场机制引入制造现场　/ 047

二、定价是经营之本　/ 059

三、从公司外部采购　/ 067

四、销往公司外部　/ 068

五、跳出阿米巴的框框进行思考　/ 069

六、阿米巴经营和市场　/ 071

第四章　使用单位时间核算衡量业绩　075

一、单位时间核算的思路　/ 077

二、单位时间核算的诞生　/ 080

三、制造部门的单位时间核算　/ 083

四、销售部门的单位时间核算　/ 088

五、单位时间核算的架构　/ 091

六、单位时间核算的运用　/ 100

七、单位时间核算的特色　/ 102

第五章　阿米巴经营的具体运行　113

一、阿米巴经营循环　/ 115

二、阿米巴会议　/ 116

三、制订年度计划　/ 119

四、制订月度计划 / 125

五、执行计划 / 131

六、反馈结果 / 137

七、评估结果 / 140

八、阿米巴经营模式下的销售部门 / 144

九、阿米巴经营模式下的研发部门 / 150

十、阿米巴经营模式下的管理部门 / 152

第六章 阿米巴的分裂、合并、成长 157

一、阿米巴的分裂和合并 / 159

二、临机应变的组织结构 / 164

三、新项目的创建 / 167

第七章 通过阿米巴经营实现企业变革 171

一、阿米巴经营的咨询业务 / 173

二、株式会社 SYSTEC 的案例 / 177

三、株式会社 DISCO 的案例 / 184

结束语——阿米巴经营的根本和实施 193

后记 199

第一章

京瓷的经营

一、创业以来的大胆创新精神

• 风险企业先驱

在阐述阿米巴经营之前，笔者想先在本章里整理一下京瓷公司的经营特色。

当今，风险企业受到极大关注。京瓷可以称得上是风险企业的先驱。

1959 年，27 岁的稻盛和夫带领其他同仁抱着试试自己的技术能否得到社会认可的想法成立了京都陶瓷公司（即京瓷的前身）。当时公司注册资本只有 300 万日元，员工也只有 28 名，主要业务是替松下电器产业加工电视机显像管的主要零部件——U 型绝缘体。公司成立当年销售额 2 600 万日元，营业利润只有 430 万日元。

作为一家微不足道的零件供应商，争取订单本身并不是件容易的事情。为了能生存下去，其他公司做不了或者成本不划算的订单京瓷也会硬着头皮说“能做”，而把订单接下来。

当时的京瓷，既没有这方面的人才，也没有这方面的资源。但京瓷没有放弃，经过一系列的艰苦努力，终于把不可能变成了可能，坚持按期交货，渐渐赢得了客户的信任。随着家电产业的兴起，京瓷的业务范围也越来越广。

- **开发新领域**

真正让京瓷发展起来的是电脑 IC 封装业务。该产品在保护 IC 的同时，起着连接基板的作用。

随着 IC 的高集成度和高速化技术的进步，市场对其性能的要求越来越高。20 世纪 70 年代以来，经过不断的材料、技术创新，京瓷在 IC 领域渐渐领先，MPU 封装、回路基板、金属化应用制品等半导体零部件连续数十年成为京瓷的主要利润来源。

此后，京瓷以精密陶瓷技术为基础，不断开发新领域。比如，电容、打印头等电子零部件、陶瓷发动机零部件、机械元件、切削工具、医疗用器材、太阳能电池、运用独特的结晶技术开发出的人工再结晶宝石等等。

1983 年，京瓷收购了业绩持续低迷的著名光学机械企业雅西卡（Yashica Inc.），进入照相机行业。以康泰克斯（Contax）为主打品牌，推出可交换镜头的单反相机等划时代的新产品。现在，该事业的收益率已经在该行业遥遥领先。

• 构筑通信行业一大阵营

日本的电信市场在很长一段时间内一直由 NTT 一家独占。为打破这种垄断封闭的局面，1984 年，时任京瓷社长的稻盛先生创办了 DDI（第二电电）。

通信产业是一个需要巨额投资的产业。当时，京瓷的银行存款为 1 500 亿日元。稻盛先生在董事会上征求各位董事的意见，说："即使损失 1 000 亿日元，账上还有 500 亿日元的现金，绝对不会影响到我们的主营业务，请允许我亏损 1 000 亿日元。"在取得各位董事的欣然同意后，稻盛先生作为最大的股东正式踏入通信行业。

除 DDI 以外，日本 TELECOM、日本高速通信也从事长途电话业务。和这两家公司相比，京瓷毫无优势可言。日本 TELECOM 利用其母体企业日本铁路公司（JR）的新干线通信网络，日本高速通信则利用其母体企业日本道路公团、丰田汽车等的高速公路沿线光纤网络。而 DDI 没有丝毫可以直接使用的网络设施。最终，DDI 只好选择使用数字式微波网络。开通之前，这种方式遭到各方的强烈质疑，但京瓷并没有动摇，反而把这些质疑作为鞭策自己的动力，采用积极主动的经营策略，一举超越了日本 TELECOM 和日本高速通信。

1982 年，京瓷收购了濒临破产的通信器材制造商计算机网络工业有限公司（Cybernet Industry Corporation），DDI 主营业务是手机以及 PHS 事业，而计算机网络工业的北见工厂主要从事手机终端生产，京瓷的接手使得该业务蒸蒸日上。

此外，京瓷陆续成立了从事通信卡拉 OK 业务的 TAITO、京瓷多媒体公司（KYOCERA Multimedia Corporation），在短短十几年间将业务覆盖零部件、器材、网络等一系列领域，在通信行业构建起自己的一大阵营。

二、阿米巴经营——培养企业家的经营

- **高成长性、高收益性**

卓越的业绩是京瓷获得世人瞩目的另一个原因。20 世纪七八十年代，京瓷被评为“超优企业”。如图 1-1 所示，创业以来，京瓷业绩连年持续增长，即使在石油危机、日元升值及泡沫经济破灭的严峻形势下，其业绩下滑程度也远远小于其他企业，并且能够更早摆脱困境。

1996 年度决算显示，此前的巨额投资有了巨大回报，和通

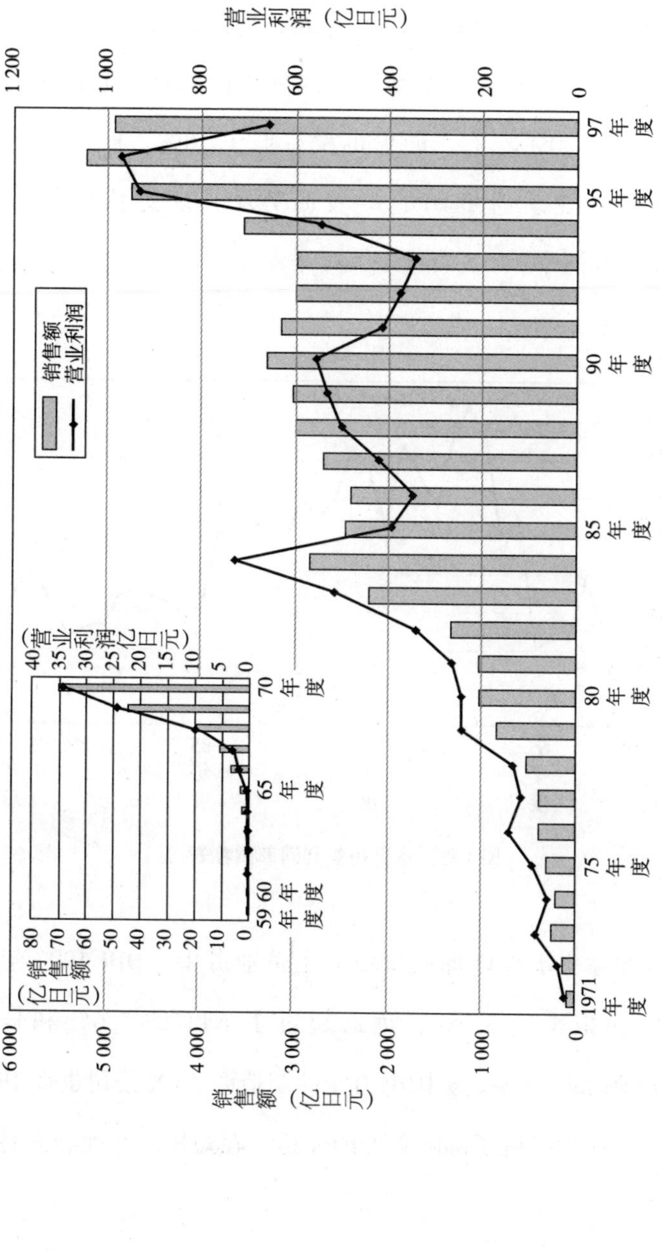

图1-1　京瓷销售额・营业利润推移

信相关的业务给公司带来了巨大的利润。同年销售额高达5 240 亿日元，营业利润 969 亿日元，均创历史最高纪录。

如图 1-2 所示，1969 年度利润率高达 42%，其他年度也大都维持在 20% 左右，最少也没有低于 10%。即使在 1997 年，大型企业纷纷倒闭的严峻形势下，京瓷依然保持了 13.4% 的利润率。

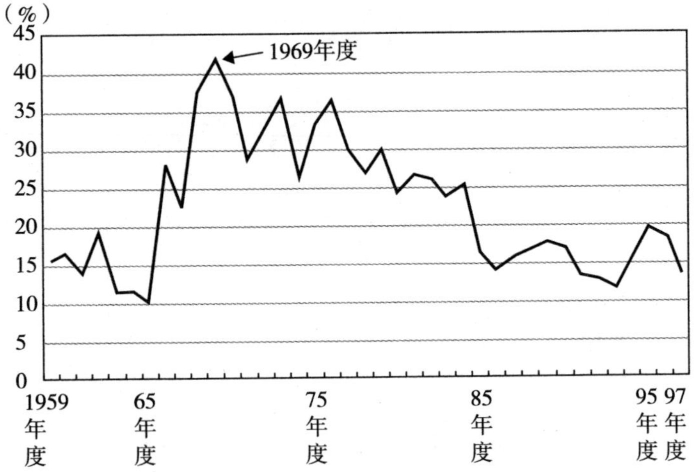

图 1-2　京瓷销售利润率推移表

高收益率不仅体现在京瓷的主营业务上，DDI 1997 年度的投资回报率达 3.6%，远远超过了 NTT 的 1.6% 和日本 TELECOM 的 2.8%。美国电力元件制造商 AVX 公司也在 1990 年被其并购后摆脱了濒临破产的命运，在短短六年间利润翻了近五倍。1995 年 8 月，AVX 公司在纽约证券交易所重新上市，获得 383 亿日元的连结股票收益。这可以算是日本企业进行海外并购最成功的案例。

通常，企业很难实现成长性和收益性的同步增长。如果要追求收益性，势必要抑制投资，如此一来，就很难实现高成长。但京瓷却做到了。其原因就在于京瓷能够及时抓住商业机会积极投资，业务一旦展开，立刻改善经营体制，消除一切浪费，争取在最短时间内提高收益。由此，京瓷不断扩大主营业务范围，实现了公司整体效益的稳步增长。

- **重现创业期的京瓷**

为何京瓷可以连续多年保持业绩增长？京瓷如何开拓、发展新事业？其关键就在于阿米巴经营。阿米巴经营的初衷是挖掘员工的企业家精神。稻盛先生在谈到阿米巴经营的诞生背景时说："建第二家工厂时，有一件事情让我特别担心，当时京瓷的创建时间虽然不长，但凭着我们大家的创业热情，公司发展得很快。但我担心将来有一天，这种创业激情会随着公司的发展壮大而渐渐消失，担心公司最终会落入俗套变成一个官僚企业。基于这种担心，我想到了在京瓷内部培养企业家。"

阿米巴经营把公司分成若干个独立核算小组。阿米巴领导人按照一个小企业、小商店的方式独立经营，自食其力、自负盈亏。如同创业初期那个小型零件生产商京瓷一样，各个阿米巴要想生存下来必须全力以赴。俗话说，置之死地而后生，面临绝境时，人的潜力是无穷的，这正是阿米巴顽强生存下来并坚实成长起来的原动力。可以说，阿米巴经营再现了创业初期的京瓷。

● 让机会变成现实

阿米巴领导人通过阿米巴经营得以在商海中不断地锤炼自己。京瓷员工的努力是常人无法想象的。世人甚至揶揄京瓷为“狂瓷”。可正因为如此，京瓷从来都没有患过“大企业病”。

在新事业开发这个问题上，各个公司态度不同。有的企业把新事业作为将来的发展支柱，会无视甚至纵容当前暂时的亏损。也有的企业可能仅仅把它作为一项无关紧要的旁支业务而不予重视。但在阿米巴经营模式下，新事业一旦商业化，就要马上开始对核算进行严格的审核，不留丝毫的缓冲时间。所以，一旦出现赤字，必定拼命努力，千方百计扭亏为盈。因此，和其他公司相比，京瓷能够更快地将机会转变为现实。

稻盛先生曾这样描述京瓷：“几个阿米巴组合起来形成一个大的阿米巴，这个大阿米巴和其他大阿米巴组合在一起，构成一个更大规模的阿米巴。其实，京瓷本身就是一个由全世界数千个阿米巴组成的巨大阿米巴。”

三、阿米巴经营的活力

● 发展太阳能产业

下面，我想通过京瓷太阳能产业的发展过程来解释一下阿米巴经营的活力。

1973 年，第一次石油危机爆发，太阳能作为替代石油等化石燃料的新能源受到世界各国的广泛关注。1975 年，京瓷与夏普、松下电器、美孚、泰科公司设立了合资公司“Japan Solar Energy Corp.（JSEC）”。京瓷是最大出资方，出资比例为 51%。

JSEC 成立的主要目的是应用泰科公司持有的 EFG 法，即控制带状蓝宝石基板技术，开发太阳能电池的量产技术。

1980 年，JSEC 解散后，京瓷设立太阳能新能源事业部，开始发展太阳能电池应用产品事业。同年，现任产品事业本部太阳能新能源事业部部长手冢博文先生被聘担任太阳能电池应用技术的研发负责人。

当时，京瓷把工作重心放在边远地区的电源开发和向发展中国家捐赠太阳能发电系统上。因为积累这方面的业绩是获得政府 ODA 援助的最快途径。

1982 年，京瓷在距巴基斯坦首都伊斯兰堡 300 公里、海拔 1 000 米、仅有 120 户村民的盆地——康扣伊村设置了 7 000 瓦发电量的太阳能电池。村民们从此喝到了汲上来的地下水，装上了路灯，每家每户都用上了 15 瓦的荧光灯。手冢先生还陪同稻盛会长、上西阿沙副社长出席了开通典礼。至今，每当回忆起来，手冢先生仍感慨万千，“尽管夜晚使用时间太长电量会耗尽，但村子里的男女老幼第一次接触到电，见到灯光，大家都很兴奋。稻盛社长（当时还是社长）还带去了糖果，孩子们围着他高兴得不得了。可能在他们眼里，我们就像神一样，带去了光明。这对我们来说也是项非常伟大的事业。”

“从这件事上，我们体会到，采用太阳能电池应用技术服务于人类，无疑是一件非常有意义的事业，我相信这种想法和激情将会一代一代传递下去，生生不息。”

- **研发人员负责科研成果的商业化**

当时，按 EFG 方法制造的太阳能电池不但价格高，转换效率也很低。一个月辛辛苦苦干下来，销售额也只有区区几百万日元，因此畅销产品的研制成了最紧急的课题。

京瓷面向一般消费者推出的第一款产品是用在索尼随身听上的充电器。随身听刚刚问世的时候，使用的是三节干电池。手冢先生天天冥思苦想如何把太阳能电池应用到随声听上，功夫不负有心人，他最终研制出了把太阳能电池放在窗户旁边来给镍镉电池充电的新一代产品。随后，手冢先生向索尼提出终止使用一次性干电池的建议。经过无数次的协商，终于引起了索尼的关注。但紧接着，索尼以价格太高为由向京瓷提出了一个非常难以接受的目标价格。

一般情况下，研发人员只是在研究所埋头搞搞技术开发，新技术开发出来后交给事业部就算完成任务了。但在京瓷不同。就如同研究开发本部研究企划部长宫田秀典部长提到的，京瓷反复强调“研发人员一定要培养自己的企业家精神，研发人员的工作目标不是单纯的技术开发，而是将各自的技术项目商业化”。

这个业务也是由手冢先生全面负责的。他热爱这些产品，而且有着十足的信心，“这是我们太阳能新能源事业部的第一个大型产品项目，无论如何一定要成功”。

研发阶段很顺利，只有一点小缺陷。就是在开启、关闭装太阳能电池的塑料盒子时缺乏“咔嚓”一声的质感。由于充电器要接受阳光直射，使用时塑料盒子会有少许膨胀。虽然只差0.1毫米，但出厂时和使用时的声音还是稍微有点不同。

起初，抱着侥幸心理交了货，结果不出所料，就是由于这个原因，没有通过质量检测，整批货被退回。京瓷迅速召集模具商和塑料成形商重新调试。半夜两三点讨论出结果后迅速开始试制，第二天早晨再交给索尼检测，如此反复调试了整整一个月。

索尼有一条不成文的规定，不合格次数如果达到七次，就断绝与该厂商的一切业务来往。手冢先生也曾经因为达到七次而被拒之门外，但他并没有气馁，经过无数次的试制和演示，终于通过了索尼的质量检测。

量产后，手冢先生亲自安装传送带，考虑人员配置，手把手地指导工人如何焊接。通常情况下，检品工序的质量标准制定、供货商的选择、合作企业的投入运行等都由专门的部门负责，但在京瓷，每个部门都好比一个小工厂，这些工作都必须由自己部门负责做好。

这对负责人来说很辛苦，但让最了解技术和产品的人做这些工作，可以更快更灵活地将科研成果商业化。而且，最重要的是员工会把这些工作当成自己的事业来对待，工作热情自然也会大大不同。

功夫不负有心人，充电器创造了上亿的销售额纪录，虽然还未摆脱亏损的局面，但这对太阳能新能源事业部来讲，是第一笔大生意。

- **进一步拓展事业**

1982 年，为进一步降低成本，京瓷引进了德国的铸造法技术，通过对半导体硅进行造渣、精炼后再凝固的方法生产多晶硅太阳能电池。

要实现盈利，必须丰富产品种类。最终，京瓷研制出几百种太阳能电池应用产品，比如内置太阳能驱动水泵的强制循环式太阳能热水器、带太阳能电池的路灯——“太阳灯”、为解决宫古岛甘蔗园的病虫害防治问题而研制的杀虫灯等等。

在此之前，家庭用除湿风扇靠商用电源将房屋南侧的暖风不断地送入地板下面，然后从北侧把潮气排送出去。但遇到雨天送入的往往不是暖风，而是潮气。而且这种除湿风扇 24 小时运转，耗电量非常高。

京瓷为解决这一问题，想到了在屋顶设置一个面朝西南的太阳能电池，除湿风扇会在一天气温最高的 12 点左右开始运转，到了傍晚就会自动停止。而且，雨天不运转。这不仅节约了电费，而且还可以据此感知湿度和时间，是一种全新的概念产品。虽然刚起步时，推销进行得很艰难，但现在每月的销售数量已经达到 3 000 套。

1994 年推出的普通住宅用太阳能发电系统的年销售额突破 100 亿日元，太阳能新能源事业部也因此扭亏为盈。目前，京瓷的结晶型太阳能电池的国内市场份额已超过 60%，全球市场份额也位列前三名，在京瓷，太阳能发电已经成为 21 世纪的腾飞产业。

四、每位员工都是经营者

- **销售额最大化、费用最小化**

前文中提到的手冢先生是一位太阳能发电工程师。京瓷现在有 1 000 多名阿米巴领导人，制造部门的阿米巴领导人掌管一道工序或一台设备，销售部门的阿米巴领导人掌管一种产品或一个销售地区。在阿米巴经营模式下，公司甚至给很容易被忽视的基层员工都准备了一个施展企业家才能的舞台。

但把公司的运营全权委托给没有任何管理经验的员工明智吗？让他们从社长的角度制定经营决策合适吗？

稻盛先生这样说："企业经营无非就是个如何增加销售额和减少费用的问题，一点都不复杂。"

这里所说的费用指的是所需经费，是包含原材料费和劳务费在内的所有经费。企业经营就和经营香蕉摊或荞麦面馆一样简单，尽可能低价采购，然后争取提高销量，只要反复重复这一简单的事情就可以了。

- **每位员工都懂经营**

只要理解"以最少费用换取最大销售额"这个道理，每位员工就都能学会经营。由此可以从员工中选拔一部分人作为领导人，根据他们的能力分配一个大小适宜的组织给他们去经营，摆脱只有决策层才能经营企业的局面。

其实，公司里的每位员工回到家都扮演着一个优秀经营者的角色。他们根据工资的多少合理安排各类花销，剩余部分存到银行以备将来不时之需，同时还要考虑房子和车等大项投资，处理子女教育和赡养父母等问题。家人卷入是非时还要作为一家之长全力解决问题。只要能做到这些，就已经具备了作为经营者所需的才能。

稻盛先生正是通过积极主动的授权，引导员工把这种能力活用在公司运营上。其实这就是阿米巴经营。

- **阿米巴成员朝气蓬勃地开展工作**

阿米巴经营光靠领导者一个人是不行的。每个阿米巴大约有 10 位成员，他们才是阿米巴最大的财富。如果 100 个人当中有一个人偷懒，其影响可能微乎其微，但如果 10 个人当中有一个人偷懒，就会大大削弱阿米巴的战斗力。

也正因为人数少，每位阿米巴成员必须充分发挥各自的特长，相互配合、取长补短。

阿米巴经营正是一种全员参与、凝聚全体员工智慧的经营模式。

每位员工都朝气蓬勃地投入工作，并将个人能力发挥到极致。京瓷及京瓷集团的迅速崛起正是日复一日、年复一年踏踏实实执行阿米巴经营的结果。从下一章开始，我们会讲解阿米巴经营的具体模式及其背后的思维方式。

第二章

阿米巴经营的目的

一、组织结构创新

● 企业组织脱胎换骨

前一章讲述了阿米巴经营在京瓷的定位，接下来让我们看一下阿米巴经营的具体模式。

引进阿米巴经营模式到底会给企业带来什么好处呢？简而言之就是能够促使企业组织脱胎换骨。

阿米巴经营有五大目的：

(1) 实现全员参与的经营；

(2) 以核算作为衡量员工贡献的重要指标，培养员工的目标意识；

(3) 实行高度透明的经营；

(4) 自上而下和自下而上的整合；

（5）培养领导人。

本章里，我们将依次解释上述五大目的，然后围绕当今企业管理中一个非常重要的概念——赋权来分析一下阿米巴经营。

二、实现全员参与的经营

- **通过授权促使员工参与经营**

现在许多企业都在倡导全员参与式经营，但关键是员工到底是站在一个什么样的立场参与的。

其中最常见的是高层管理部门听取基层员工意见并将其反映到经营决策中。这种做法虽然也被认作是一种参与式的经营，但实际上只是把员工当作一种信息来源罢了。

还有一种情况，就是让员工出席各种决策会议。出席此类重要会议对基层员工来讲是一件非常振奋人心的事情，能够让员工对参与到决策过程这一行为有切身的感受。但这种做法只能给员工带来一点自我满足，消除他们工作中产生的部分挫败感，效果甚微。

以上两种情况都不算是真正的授权，员工并没有真正得到充分施展才能的机会，因此很难说是一种参与式的经营。

• 自己的职场要靠自己去经营

在阿米巴经营模式下，每位阿米巴领导人就如同一个小工厂、小商店的老板经营自己的工厂、商店一样，必须要有“自己的职场要靠自己去经营”的强烈意识。

精密陶瓷事业本部部长中村升常务进公司三个月的时候被任命为一个月生产能力 300 万日元的阿米巴领导人。当时稻盛先生对他讲了一番话：“我们旁边街道上不是有个蔬菜铺吗？那个蔬菜铺每月能卖 50 万日元左右，你的阿米巴是 300 万日元，你可得比蔬菜铺那个大叔还要努力啊。”

听了这番话，中村升常务感触很深，“我当时恍然大悟，虽然我的阿米巴只有两名部下，但如何安排他们，全变成了我的责任。原来这就是阿米巴经营”。与此同时，一股工作热情也随之油然而生，“我一定要承担起所有的责任，和两名部下一起争取进一步提高业绩”。

• 领导团队

作为阿米巴领导人，领导团队是一项重要职能，必须率领所有阿米巴成员朝着共同的目标努力迈进。

国分工厂的永田龙二副厂长曾经谈道：“制造一个合格品不容易，它需要所有人的共同努力。但制造一个次品很简单，只要一个人就够了，而且想做多少就能做多少。”

为了保证产品过关，“对于产品规格，领导人一定要用心和部下解释清楚，如果有员工遇到难题，要耐心指导，帮助他们寻找解决问题的办法。”

- **集结现场员工智慧的组织结构**

阿米巴领导人并不是无所不知的。经营企业就是一个勇敢地挑战未知领域的过程，这就要求领导人要不断创新。

现在，日本的人工费用已达到世界最高水平，沿用以前的做法根本无法和世界抗衡，但又不能全部改成机械作业。机械设备只能在原有的基础上提高生产效率，如果要把生产效率提高几十倍，只能依靠人的智慧和创意。

智慧和创意并非来源于一流大学优秀毕业生的头脑。竞争力强的企业都拥有集结现场员工智慧的组织结构。

阿米巴经营把企业分成若干个阿米巴小组，这也是集结员工智慧的一种创新。各阿米巴必须自己想办法赚取正常运行所需的费用，根本没有余力容纳懒于思考的员工。一个十人左右的阿米巴要在残酷的环境中生存下来，就必须调动每一位员工的积极性，集结所有人的智慧。

- **为员工提供一个施展才能的舞台**

正因为阿米巴规模小，所以员工的建议一旦被采纳，其产生的贡献程度就变得一目了然。这样，员工就必须全身心地投入，虽然辛苦，但却很有价值。

在这一点上，阿米巴经营和 QC（QUALITY CONTROL，质量控制）活动很相似。不同的是，阿米巴经营模式下，每一次改善都能通过具体的金额反映出来，因此效果也就更明显。

阿米巴经营激发了所有员工的自信，使他们认为“只要努力，自己也能做到”。每位阿米巴成员和领导人都是智慧的源泉，阿米巴经营为所有员工都提供了一个施展才能的舞台。

因此，在阿米巴经营模式下，每位员工都是企业经营活动中的主角，并非流于形式。

三、通过核算衡量员工贡献，培养员工的目标意识

- **单位时间核算是衡量贡献大小的指标**

阿米巴经营又被称之为小集体部门核算制度，在阿米巴经营模式下，每个阿米巴的盈利状况都一目了然。一提到核算，我们脑海里往往会浮现出艰深晦涩的会计学，但这里所说的单位时间核算非常浅显易懂，具体请参照表 2-1。

表 2-1　核算表（制造部门）

总出货	
对外出货	
内部销售	
内部采购	
生产总值	
扣除额	
原材料费 五金·商品采购费 外包加工费 维修费 电费 返还利息 部门内公共费 工厂经费 内部技术费 销售·总公司经费	
结算销售额	
总时间	
正常工作时间 加班时间 部门内公共时间	
当月单位时间核算	
单位时间产值	

单位时间核算的计算方法非常简单。各阿米巴给自己的产品或服务设定一个价格，按照这个价格和其他部门或其他公司

进行交易。这个价格是交易双方协商后制定的，并非成本价。交易所得金额就是该阿米巴的收入，从收入中扣除劳务费以外的所有费用后得出的是该阿米巴创造的附加值。

然后用它除以阿米巴成员的总劳动时间，得出的数值就是单位时间核算，它体现了阿米巴单位时间里所创造的附加价值。

具体内容请参考第四章。

- **树立明确的目标**

树立明确的目标是阿米巴激发基层员工活力的另一个秘密武器。在阿米巴经营模式下，只有一个目标，即单位时间核算。

通常，公司决策层会有很多想法，这里也要改，那里也要提高，源源不断地制定各种新目标，这往往导致现场员工思维混乱，失去工作重心，结果可能导致什么都半途而废。

既然把公司经营全权交给了毫无管理经验的员工，那么尽可能简明扼要地给出一个发展方向就显得尤为重要。“单位时间核算”（每人每小时创造的附加值）正好符合了这一要求。

提高单位时间核算的方法只有三种：增加销售额、削减费用或者缩短劳动时间。只要瞄准其中一种，并想方设法去改善就可以了。

● 达成目标时的成就感

月初制定单位时间核算预算的时候，有一项必须要考察的内容，即计划在原有实力基础上再提高多少。无论预算是高是低，都必须要能体现出创新点，并且一定要是一个竭尽全力才能达到的数值。

目标越苛刻，达成目标时的成就感就越强烈。国分工厂半导体零部件第二事业部 PGA 第一制造科负责人肝付弘幸先生提到，“这种成就感其实也就是月底最后一天的四五分钟时间，就是中午统计完毕，午饭之前的那四五分钟。吃完午饭，就该考虑下个月的计划了。在这一刻，哪怕是曾经争得面红耳赤的员工都会忘记曾经的不快，尽情分享达成目标的喜悦。那种感觉特别好。”

● 促使阿米巴之间进行竞争

单位时间核算制度能够引发阿米巴之间的竞争。单位时间核算数值与销售额、利润不同，不受阿米巴规模及产品的影响。即使规模很小的阿米巴，只要提高工作效率照样可以取得很好的成绩。

当然阿米巴业绩会受市场整体走势的影响，因此不能单凭数字来断定阿米巴业绩的好坏，还要考察具体的运营情况。但数字的使用必然会激发员工不服输的精神。因此阿米巴之间既是交易关系、合作关系，同时也是竞争关系。例如，国分工厂的机构零件事业部的制造部，分为一科和二科，虽然两个科制造的产品不同，但却都非常在意对方的单位时间核算数值，互相把对方看作是自己的竞争对手。

由此可见，单位时间这一指标，有利于公司内部产生一种积极向上的竞争意识，阿米巴经营正是通过营造这种竞争机制来不断改善经营体制。

● 设法提高员工的核算意识

阿米巴经营采取多种方式来提高员工的核算意识。职场里到处张贴着各种表示核算的图表。在国分工厂，就连员工食堂也贴满了各科的业绩表。

晨会是提高员工核算意识的一个非常重要的场合。每位工人每天大约要出席三个不同的晨会。例如，首先出席所属科的晨会，之后各系再组织一次，最后以班为单位再组织一次。所有晨会都要宣读单位时间核算数值以及当天的活动方针，反复强调同一件事情有利于员工理解当天的工作内容。除了正式员工以外，还要把同样的内容传达给临时工等非正式员工，如此，所有员工都能够掌握各自阿米巴的单位时间数值。

而且，所有的员工都知道如何计算单位时间核算。前文中提到的肝付先生的下属、某系负责人中村健次先生说："如果员工只知道检测或组装，而不会看单位时间核算，那在晨会上宣读也没用。因此我们要进行更高水平的教育，把整套计算方法教给员工。”

大多数公司往往只有会计部门的人会计算成本，在这种大环境下，所有员工都学会计算核算数值将会成为一种巨大的企业财富。换个角度看，正因为有了这种财富，才能把阿米巴的经营委托给现场的员工。

训练员工对数字的敏感度是阿米巴领导人的另一项重要任务。肝付先生在谈到自己的经验时说：“易耗品的采购订单是由使用者本人下的。这样，哪怕是一个不起眼的橡皮指套，生产多少产品会磨损一个，每个多少钱员工都知道得清清楚楚，而且使用者本人也能亲身体会到浪费对核算造成的影响。”

长此以往，员工自然会对数字越来越敏感。

- **享受游戏带来的乐趣**

话又说回来，目标虽然苛刻，但员工并没有丝毫的悲观情绪。如果员工被巨大的盈利压力压垮了，现场也不可能会充满活力。在一种什么样的氛围下经营阿米巴，每位领导人想法迥异。最常见的是把单位时间核算当作遵循一定规则玩的游戏来享受。

京瓷 Elco 有限公司董事兼销售部长佐佐木武夫先生在谈

到这一点时说："我年轻的时候，在东京做销售，经常研究怎么换乘电车或巴士能再节省十日元。同事之间经常互相比较谁花的交通费少。每发现一种更便宜的路线都会炫耀半天。如果觉得自己天天被核算追着赶着，肯定会很压抑，所以诀窍就是要高高兴兴，带着兴趣去做。"

四、实行高度透明的经营

- **扁平化组织的局限性**

"高度透明的经营"是阐述阿米巴经营的一个关键词。引进阿米巴经营模式后，所有部门的经营状况都会变得一目了然。

现在许多企业开始简化原有的阶层制组织结构，向扁平化转变。因为相当一部分经营者发现随着企业规模的扩大，从决策层到现场的等级链变得越来越长，以至于很难把握现场的实际情况。有关这一点一定要注意，扁平化组织结构不是目的，只是手段，最终目的是通过组织的扁平化实现玻璃般透明的经营，加强组织成员间的信息交流，加快决策速度。

设置过多的管理阶层固然没有必要，但是，横向管理幅度的过度扩张也有可能会超出管理者的管理能力。在这种情况下，虽然决策层和现场的距离缩短了，但极有可能会出现部门之间横向调整困难、信息流通不畅，导致问题悬而不决。

- **细分组织直至透明**

那么为什么现场的经营会变得不透明呢？原因就在于原本性质不同的多种信息混杂在一起，互相干扰，遮盖了真相。这个问题单靠缩短从决策层到现场的距离是无法解决的。而按照产品或者工序重新归类、整理各项信息才是解决问题的根本。只要明确了信息的查询途径，就可以很快地找到所需的各类数据。

毫无节制的组织扁平化并不是阿米巴经营所追求的。实际上，京瓷的等级链绝对不短：事业本部—事业部—部—科—系—班。尽管如此，京瓷并没有出现现场经营不透明的问题。这正是由于京瓷采用了不同于组织扁平化的其他对策——组织的细分化。即凡是在经营决策过程中需要单独考察的都细分出来，作为一个阿米巴独立运行。

接下来让我们把阿米巴当作一个小商店来进一步解释一下。这个商店每天早晨从笸箩里拿钱去进货。之后把笸箩挂在店门口，每卖掉一件商品，就把钱放进去。傍晚打烊之后数一下笸箩里的钱，就能算出当天的收益。

如果只有一个笸箩，就很难知道哪些商品卖得好，哪些商品赚得多。但如果为每种商品都准备一个笸箩，每个笸箩的钱也只用来采购其对应的商品，而且卖掉该商品的钱只投入该管箩，就很容易把握每种商品的盈利情况。阿米巴的经营思路正是如此。

• 决策层能够清楚地了解经营状况

每个阿米巴都要独立统计销售额、费用及时间。工厂整体的“公共费用”及“总公司经费”由各阿米巴按比例分摊，即使是仅有几个人的最基层的阿米巴也要分摊该部分费用。通过认真统计以上数据来把握每个阿米巴的核算。

阿米巴经营就是把每一段整合性的业务划分成一个阿米巴，然后精确计算每个阿米巴的核算，这样一级级加起来就是全公司的核算。

决策层收到的第一手信息都是订单总额、销售额、利润、劳动时间、单位时间核算等大方面的，它简洁明了地反映了全公司的最新经营状况。当然，决策层也可以根据需要把数字一级级拆开，如此一来公司最基层的情况都会历历在目。通过数字让公司经营变得玻璃般透明，决策层可以更加准确地掌握每个环节的经营状况，作出更加准确地判断。

• 阿米巴领导人能够清楚地了解经营状况

实行玻璃般透明的经营并不仅仅是为了决策层，这对阿米巴领导人来讲同样重要。

阿米巴领导人最初掌管的都是一个规模很小的阿米巴。比如制造部门的阿米巴领导人掌管的可能只是一台设备，销售部门的阿米巴领导人掌管的只是某一个销售地区。

要保持经营的高度透明，这个“小”很关键。阿米巴规模越小越容易把握现状、发现浪费。这样，即使对经营一窍不通也可以找到妥善的解决办法。

- **阿米巴成员能够清楚地了解经营状况**

在许多企业，知道盈利情况的只限管理层。但阿米巴经营不同，为了让所有员工都体会到工作价值，必须让他们正视自己的劳动成果，其方法就是简明扼要地公开公司的经营情况。

阿米巴经营采用单位时间核算表来表示各阿米巴单位时间所产出的附加值。单位时间核算表和我们的家庭收支簿一样简单明了，即从收入中扣除花掉的。这和前文中提到的商店完全一样，找个笸箩，赚了钱就投进去，最后计算一下利润。这样，即使不懂会计的人也可以迅速地把握经营状况。而且，公开核算表可以让所有员工亲身感受所属阿米巴的盈亏情况。

- **及时把握经营状况**

除了高度透明之外，阿米巴经营还重视这种透明的及时性。大多数企业都认为，每天统计实绩很麻烦，很花精力，所以通常都是每月统计一次，几周之后再反馈给现场。

但现场每时每刻都会出现新的问题，为了解决这些问题，他们要不断地采取各种措施。如果以月为单位进行反馈，就很难知道哪种措施有效，哪种无效。而且，反馈时间拖太久，可能连当初采取了哪些措施都不记得了，更别提什么效果验证了，结果将来可能还会犯同样的错误。

阿米巴经营模式注重优先考虑现场管理的便利性。在京瓷，每天统计当天实绩，第二天一大早反馈给现场。每个月的实绩也会在结账后的第二天反馈给阿米巴领导人。正是有了这个速度，现场员工才可以及时确认工作成果，也更容易凝聚广大员工的智慧。

同时，决策层也可以及时地把握公司现状，迅速地作出经营判断。现场以及决策层对市场变化迅速及时地作出反应有利于公司抢先一步抓住机遇。

五、自上而下和自下而上的整合

● 调动员工的主观能动性

KCCS的森田直行社长曾引用《企业再造》（《*Reengineering the Corporation*: *A Manifesto for Business Revolution*》）作者的话

说："领导者的工作不是让员工去执行自己的决策，而是调动员工主动去做的意愿。"

"自己真正想去做的时候，产生的力量才是无穷的。稻盛会长深知这一点。在开发新产品的时候，他曾召集所有事业部长问道：'接下来我想开发点新产品，我们采取这样的措施，就会产生那样的效果，我感觉将来肯定能成为一项大事业，你们觉得如何？有人感兴趣吗？'刚开始大家都很茫然，心想，'又来了'。"

"稻盛会长看了大家的反应，察觉火候还不够，不过他会反复征求大家的意见，直到最后有人开始慢慢觉得'这个主意确实挺有意思'，'你真这么想吗'，'是的，我觉得很有意思'，'那就由你负责做吧'。总之，稻盛会长只会把工作交给真正感兴趣的员工。他深知，只有真正想做的人才能取得成功。"

再举个例子，当初稻盛先生提出进军手机领域的时候，曾遭到了 DDI 董事们的强烈反对，"NTT 做了，结果赤字。美国自由化之后也开始发展手机事业，但没有一家盈利的。DDI 才刚成立不久，前途尚且未卜，此时投身手机事业是很危险的，还是不要染指为好"。

稻盛先生并没有轻易退缩，"我们一定会成功的。未来社会将步入无线网络时代，使用电话线的固定电话最终将被淘汰，早晚有一天我们会迎来一个可以随时随地、边走边讲电话的无线新时代”。但最初并没有引起任何人的共鸣。后来，终于有一位被说服，“我也这么认为”。稻盛先生继续追问：“那其他人呢？”大家依旧低头不语。于是，稻盛说：“那行，我们两个来做吧。”就这样开始了手机通信事业。后来，新公司成立不久就扭亏为盈，为京瓷集团在通信领域确立领先地位奠定了坚实的基础。

要想成就一番事业，首先要有激情，只有胸怀激情地去努力才能取得成功。仅凭决策层的意志还远远不够，必须要把这种意志传达下去，将其转换成员工自身的意志，唤起他们的斗志。

- **共享价值观**

在企业经营中，自上而下和自下而上究竟哪个更重要，这是一个饱受争议的话题。其实，最理想的状态应该是两者的有机结合。这就要求决策层和生产现场员工必须要有共同的价值观。

任何决策层都有相应的经营理念，这个理念一定要反复强调直到被所有员工接受。京瓷借助京瓷哲学实现了决策层和基层的理念、价值观共享。

价值观共享是阿米巴经营正常运行不可缺少的因素。当然，我们并不是说其他企业也要有和京瓷完全相同的经营哲学。每个公司都有自己独特的价值观，无论何种价值观，最重要的是一定要将该价值观打造成全体员工共同的价值观。如果做不到这一点，即使引进了阿米巴经营模式，也很难让员工理解阿米巴经营的目的和体会到阿米巴经营的乐趣，也就无法真正挖掘出企业的潜力。

- **共享目标**

然而，这里存在一个很现实的问题，即仅凭抽象的语言，员工很难理解，因为他们并不知道该如何把决策层的想法和自己的实际行动结合起来。所以，我们常常看到许多企业的价值观都变成了裱在匾额里的装饰品，没有发挥任何作用。

特别是随着企业规模的扩大，决策层和底层员工之间的认同感和一体感日益稀薄，中层以下的非管理员工很容易产生“反正决策层也不会在意我们”的想法。

阿米巴经营既然把决策权下放给了现场，就会面临放任自流、失去对现场的控制力的危险。企业需要采取一些具体措施来防止此类问题的发生。单位时间核算这一指标正是联结决策层和现场的纽带，通过这一纽带，决策层和现场不仅有了共同的价值观，而且还有了共同的目标。

各阿米巴的单位时间核算加起来就是全公司的核算，决策层据此作出经营判断。另一方面，在现场员工看来，这也是决策层对自己工作成果的直接关注，这种感受可以大大激发现场的活力。

而且，决策层对改善单位时间核算作出具体指示后，现场员工据此承诺一个目标金额。双方使用同一指标，可以进一步统一方向。如此既保证了各阿米巴发挥其作为一个独立运营体该有的活力，又防止了各阿米巴随心所欲、偏离主旨。

有了单位时间核算这一共同指标，决策层可以随时指导现场的工作，同时现场员工也能够更好地把决策层的意志转化为自己的实际行动。

六、培养领导人

• 最根本的目的是培养人才

阿米巴经营最根本的目的是培养人才。京瓷通过把阿米巴的经营权下放给员工，源源不断地培育出无数具有经营者意识的人才，而且避免了随着企业规模的扩大而滋生“大企业病”。

在京瓷，即使是20出头的年轻人也可以成为领导人，率领自己的团队。有时候可能还要指示、鼓励比自己年长的员工为达成目标而努力。而且遇到困难时，也必须靠自己去解决。

做一个领导人绝不轻松，但正如大多数京瓷员工所说，一旦体会到了掌舵的乐趣，就会尝试向更高层次挑战，品尝更大的喜悦。把经营权下放给员工后，员工的成长是惊人的。

- **充分开发员工潜力**

有一些中小企业经营者会说："我们公司不像京瓷有那么多人才，所以阿米巴经营不适合我们。"实际上这种想法是错误的。

上文中提到的中村升常务曾这样讲："以前有位初中刚毕业的小阿飞被分到我的阿米巴，刚开始我特别担心……结果三个月后，这个年轻人变得特别勤奋，工作特别努力。一年后，我就把他一个人单独划分成一个阿米巴，让他开始了独立经营。从此，他的言谈举止越来越得体，而且变得出口就是'怎么才能盈利'、'采取哪些措施可以提高效率'这些话题。他初中毕业才一年，还很年轻，可能觉得阿米巴经营就跟打游戏一样有趣吧。可能上学的时候成绩也不太好，没被表扬过。参加工作后，自己的努力得到肯定，所以越来越有干劲，越努力成绩就越好。"据说这位员工现在已经是一个拥有50多名员工的部门领导人，率领着自己的团队不断挑战着更新更高的目标。

中村升常务还提到："把阿米巴的经营权下放给员工后，

员工会自发产生一种周围人、甚至本人都无法察觉的能力。所以说，不要觉得企业中没有人才，而是人才的能力还没得到充分的发挥，一旦变成了经营者，任何人都有可能发挥出无穷的潜力。”

- **十人当中就有一人是经营者**

许多可能在其他公司只能打杂的员工，都把自己的阿米巴经营得红红火火，并取得了很大的成果。

但阿米巴领导人的职责并不只是增加盈利这么简单。在努力增加盈利的过程中，培养正确的思维方式和判断基准也是极其重要的。同时，领导人还有责任引导手下员工也积极参与到经营活动中，并要挖掘、培养下一任领导人。

作为阿米巴的领导人，哪怕仅是一个班长或系长，也要具有作为社长的思想意识。京瓷大约有 13 000 名员工，共被划分为约 1 200 个阿米巴。也就是说，每十个人当中就有一人是阿米巴领导人。从这一点来看，在人才培养方面，京瓷和那些因为岗位不够而导致有部长级别能力的人做系长级别工作的公司有着天壤之别。最终，这种不同将会演变成一种巨大的实力差距。

- **营造一个比较容易经营的环境**

下放阿米巴的经营权并不是要放任自流。起步阶段提供员工一些简单易懂的管理工具，让员工从一个容易管理的小组织开始做起，这很重要。阿米巴经营模式中采用的管理工具是极其简单的“单位时间核算”，而且交给员工负责的第一个阿米巴都是可以一目了然的小规模阿米巴。

没有人天生就是个优秀的领导。自信都是在不断地积累成功经验之后一点点建立起来的。等员工有了一定的经验之后，再分一个更大更复杂的阿米巴给他。阿米巴经营模式正是通过这种方式为员工创造了一个谁都可以轻而易举经营一个阿米巴的环境，并能最大限度地挖掘出员工的潜力。

七、阿米巴经营和赋权

- **以现场的赋权为目标**

最后让我们来看一下阿米巴经营和赋权的关系。

赋权，顾名思义就是赋予权力。这一方式已经超越了单纯的权力下放和激励，其最终目标在于实现企业组织的改革创新和活性化。

泡沫经济破灭后，简化组织结构、实现组织扁平化受到了企业的广泛重视。中层管理者作为企业的中坚力量必须要担当改革创新的领头人。在这一背景下，近年来，有关中层管理赋权的呼声越来越高。

阿米巴经营的优势之一就是能从最基层开始，源源不断地培养下一代改革创新的领头人以及具有企业家精神的人才。从生产现场开始，所有员工积极主动地开展工作，最终实现全员参与式的经营。

- **把管理会计作为赋权的工具**

要实现这种具有创新精神、充满活力的全员参与式经营，不仅要通过核算来衡量员工的贡献，培养员工的目标意识，而且还需要有一套能够让决策层以及所有阿米巴成员都能清楚地把握经营状况的体系。

这一点貌似简单，实则很难。除了要把组织细分到能彻底看清楚外，还要让阿米巴的核算也一目了然，并且还要保证能以最快的速度计算出来。

退一步说，即使实现了全员参与式的经营，但如果现场员工看不懂各项核算数据，就无法有针对性地采取措施。而且，如果无法感知自己的努力给核算带来的影响，也就很难产生动力。

在这一点上，阿米巴经营做得很出色。它是一套针对所有员工的赋权体系。在京瓷内部，阿米巴经营被称作是一套管理会计体系，但有趣的是，这套管理会计体系却经常被外界质疑。

我想，肯定有许多人都听说过，或者自己本身都认为，“管理会计的预算管理制度束缚了员工达成目标的动力，阻碍了员工的创造性”，“就算看到了会计数据，也还是不明白该怎样做”。

另外，肯定还有些人认为“管理会计是一种自上而下的控制体系，和赋权是不相容的”。但读完该书，尤其是第四章和第五章后就会明白，至少在阿米巴经营模式下，这种想法是错误的。

阿米巴经营是一套奉行全员参与式经营、保证现场员工能够亲自并及时地计算出核算数值、并能清楚地找到改善措施的管理会计体系。

第三章

阿米巴之间
通过内部交易展开竞争

一、把市场机制引入制造现场

• 客户决定价格

从产品导向到市场导向的转变，即产品的最终价格并非完全取决于成本，而是取决于其价值是否能得到客户的认可，现今已成为企业经营的常识。但京瓷早在创业初期就已经认识到了这一点。

稻盛先生在某次演讲中曾提到："创业第四年的时候，我们给松下电器制作显像管，每年松下都要求我们降价。……当时我们带着结算资料去拜访松下的采购部长，采购部长说，'这是什么价格，你们还有很大的降价空间'。……最后，我们篡改了一下决算资料去诉苦，'这个价格已经亏了，请务必多多包涵！实在不能再降了，还望能把价格往上提一提'。结果当场就被回绝了，因为他说‘就算你们亏了，但别的公司能以更低的价格做，你们做不了就算了’。”

对于一个电子零部件生产商来说，订单关系到企业的存亡。通过这件事，稻盛先生意识到，产品价格是由市场决定的，这是不可违背的规律。如果按照成本价加利润来制定价格，万一被拒绝，那一切就都没有意义了。

在和松下的交易中京瓷同时也认识到“虽然市场价格是由市场的自由竞争关系决定的，但成本却是我们自己可以控制的。……针对市场价格，能把制造成本压缩到多少这很关键。……竭尽全力降低成本，最终挤出来的就是利润”。

- **利润来源于制造部门**

利润是销售额减去费用的差额。简单地说，在制造阶段，只产生成本。随着工序的增加，成本也不断增加。另一方面，销售额是销售活动所得。因此，人们通常会认为销售结束计算出销售额后才能得出利润。换句话说，利润是由销售部门产生的。

一般情况下，我们把销售价和成本价的差额，即毛利当成是衡量销售部门业绩的指标。如图 3-1 所示，首先销售部门以成本价从制造部门购买产品，这也是销售部门的销售成本。在这之后就看销售部门能在成本价的基础上加多少卖给消费者了，加的这部分就是销售部门的收入。也就是说，销售部门对毛利的重视恰恰反映了利润来源于销售的想法。我们把这种方式叫做成本结算价格方式。

相对于成本结算价格方式，前文稻盛先生的言谈中蕴含了一种截然不同的想法。把稻盛先生的“价格是由客户决定的”这一想法引申一下，就是“要想产生利润，只能靠制造部门，也就是说企业的利润是由制造部门产生的”。

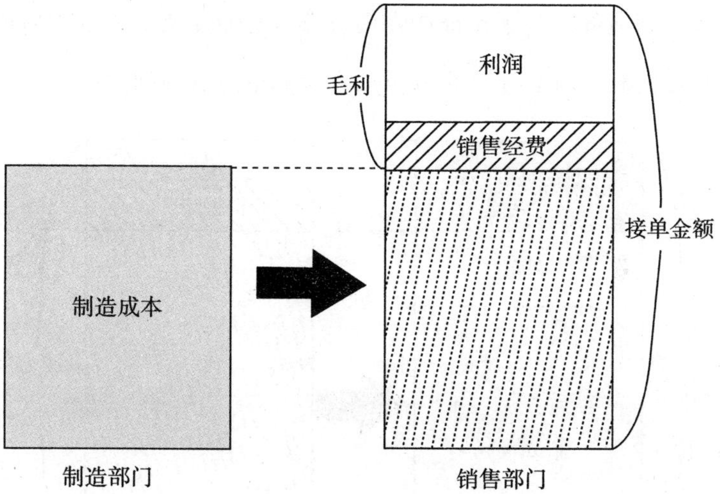

图 3-1　成本结算价格方式

根据这一想法，销售部门就变成了连接制造部门和客户的管道。在订货型生产方式下，销售部门有责任将市场信息反馈给制造部门，告诉他们为了维持公司的正常运转还需要降低多少成本。这和认为销售部门才是利润源泉的成本结算价格方式形成了鲜明的对比。

在阿米巴经营模式下，销售部门从客户那里拿到的接单金额被算作是制造部门的生产金额，然后从中支付一定的佣金给销售部门。如图 3-2 所示，销售佣金和销售经费的差额是销售部门的利润，体现了销售部门的努力成果。从生产金额中扣除支付给销售部门的佣金和制造成本后的金额就是制造部门的利润。制造部门为了保证扣除销售部门的佣金及制造成本后依然能够盈利，就必须要想方设法降低成本。这种利润计算方式

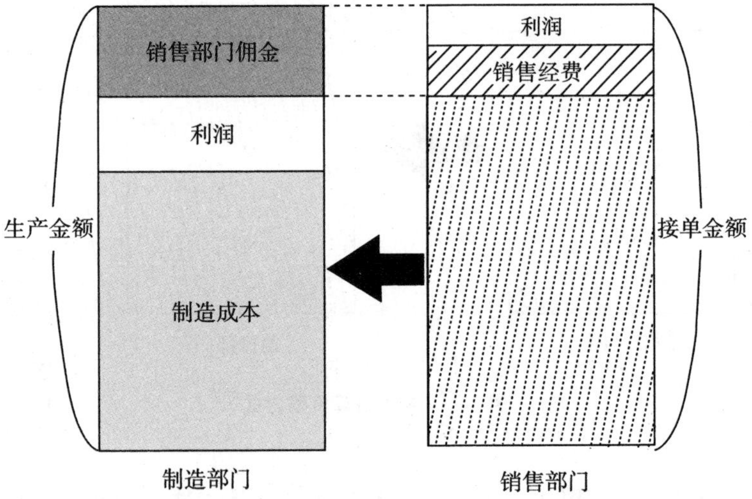

图 3-2　订货型生产方式

恰恰反映了稻盛先生“利润来源于制造部门”的独特想法。在本书里，我们把这种方法称之为订货型生产方式。

• 另一种市场信息传递方式

现在，京瓷并非只有订货生产这一种方式。京瓷有40%的销售额来源于照相机、手机、珠宝首饰等面向一般消费者的产品。这部分产品的销售和上文中提到的成本结算价格方式相同，都是销售部门先从制造部门购买产品作为库存，然后通过各种流通渠道销往市场。而和成本结算价格方式不同的是，京瓷销售部门从制造部门采购的价格是按照内部规定决定的一个合理的营业交付价格。为了和上文中提到的成本结算价格方式以及订货型生产方式区别开来，在这里我们把这种方式称之为备货型生产方式。

如图3-3所示，营业交付价指的是销售部门向制造部门提出的目标价格。营业交付价和制造成本的差额是制造部门的利润，因此制造部门为了赚取利润必须要考虑如何降低生产成本。由此可见，稻盛先生“利润来源于制造部门”的想法虽然表现方式不同，但在备货型生产方式中也得到了很好的体现。

营业交付价本身虽然能够反映市场变化，但并不如订货型生产方式敏感直观。即使这样，阿米巴经营还是特意采用了该

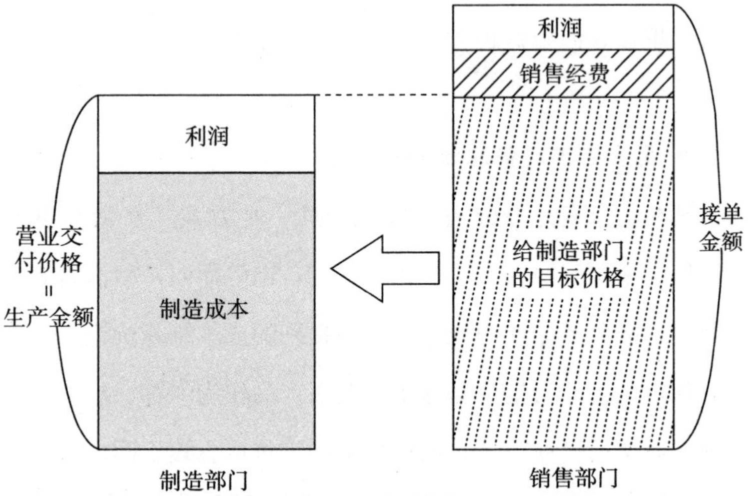

图 3-3　备货型生产方式

方式，这是由其背后的市场特性所决定的。接下来，让我们简单解释一下。

这里提到的面向一般消费者的产品，和根据各下游企业订单进行生产的电子零部件或陶瓷配件不同，生产安排靠的是销售部门的判断和估计，必然会伴随一定的流通库存。因此，必须要有一种体制能让销售部门意识到自己的库存责任。而且，面向一般消费者的产品，通过零售价就可以轻易把握市场动向，因此也就没有必要特意提高对市场变化的灵敏度。考虑到这两方面的平衡，针对面向一般消费者的产品，京瓷采用了以营业交付价为前提的备货型生产方式来代替订货型生产方式。

实际上，如果能像京瓷一样，销售和制造以及制造部门的各个工序间能够频繁沟通，而且每个阿米巴都有强烈的核算意识，即使采用备货型生产方式也可以很快地将市场信息传递到企业的各个角落。重要的是最终要让制造部门也有核算意识，提高竞争力。如果过度拘泥于手段，而不会变通，那就得不偿失了。

不过，在后文中，为了使观点更加清晰，就不再提备货型生产方式了。订货型生产方式才是稻盛先生想法的典型反映，也是京瓷大多数阿米巴采用的方式。接下来我们要比较一下这种方式和众多企业采取的成本结算价格方式的不同，通过具体的例子来详细讨论一下如何培养制造部门的市场意识。

- **培养市场意识**

如前文所述，在许多制造部门阿米巴的单位时间核算中，接单金额就等于生产金额。这样做可以促进市场信息的快速传递，培养制造部门的市场意识。

假设某产品成本价是 6 000 日元，零售价是 10 000 日元，每月卖 100 个，那么公司的销售额就是 100 万日元。如果支付给销售部门的佣金是零售价的 10%，那么销售部门每月领取的佣金总额就是 10 万日元。由于产品成本是 60 万日元，所以制造部门的利润就是 30 万日元（=100 万日元−10 万日元−60

万日元）。

如果市场价格发生变化，零售价格跌到 8 000 日元，如表 3-1 所示，制造部门的生产金额变为 8 000 日元× 100 个 = 80 万日元。支付给销售部门的佣金是 80 万日元× 10% = 8 万日元。如果产品成本不变，依旧是 60 万日元的话，那制造部门的利润就变成了 12 万日元（= 80 万日元 - 8 万日元 - 60 万日元）。

表 3-1　制造部门损益表

——订货型生产方式情况下

单位：万日元

	变化前	变化后	差额
生产金额	100	80	Δ20
销售佣金	10	8	Δ2
制造成本	60	60	0
利润	30	12	Δ18

利润的减少正是提醒制造部门降低成本的信号。京瓷就是通过这种制度来将市场的变化迅速、直接地传递给制造部门。

而在成本结算价格方式下，把制造成本直接作为结算价格。如表 3-2 所示，只要卖给销售部门的结算价格不变，就不会给制造部门造成任何影响。这就很难让制造部门感知到市场的变化。对市场反应灵敏度的不同，导致了制造部门的反应也不同，这种不同最终将会造成巨大的实力差距。

表 3-2 制造部门损益表

——成本结算价格方式情况下

单位：万日元

	变化前	变化后	差额
成本结算价格	60	60	0
制造成本	60	60	0
利润	0	0	0

- **带给销售部门压力**

这种订货型生产方式除了可以强化制造部门体质外，还可以加大制造部门给销售部门带来的压力。

还是刚才的例子，零售价的下跌直接影响到制造部门的利润。价格取决于客户，对此制造部门也只能接受，但同时制造部门也要考虑自己阿米巴的生存，所以必然会向销售部门施加压力，比如“能否卖得再贵点”，“能否再找找其他出价更高的买家”。

如此一来，销售部门就无法因为自己是拿佣金而对售价不闻不问。零售价下跌，不但佣金会减少，而且还会面临来自制造部门的压力，因此销售部门必然会加倍努力设法满足制造部门的要求。这对防止销售部门的闲散和不负责任的销售活动也起到了一定的牵制作用。

- **销售部门和制造部门之间的沟通**

在这种体制下，销售部门和制造部门要想双赢，必须要频繁地交流信息、加强沟通。

销售部门要告诉制造部门客户需要什么样的产品。另一方面，制造部门要携手研发团队，认清自己现在的技术水平，积极提交其他企业没有的产品方案。这样既可以保证制造部门利润的稳定增长，同时也可以令销售部门的销售活动更加轻松。因此，即使没有决策层的介入，仍然可以促进销售和制造之间的信息交流。

得益于此，京瓷的手机产品更新足足领先了其他公司产品半年。在这个瞬息万变的时代，如果能领先半年，就可以避免为了消除库存而大幅度降价，同时还可以通过零部件的统一采购降低成本。销售和制造的鼎力合作成果最终将表现在每款手机的利润率上。

- **阿米巴之间的交易**

沟通交流并不仅仅发生在销售部门和制造部门之间。市场信息借助各阿米巴之间的交流，沿着工序由下至上，传递到制造部门的各个角落。

在京瓷，每一道工序都是一个独立的阿米巴，进行独立核算。阿米巴之间的产品流动不是基于成本价的单纯的交付，而是按照双方协商决定的内部价格进行的交易。这就是所谓的内部销售和内部采购。

假设有一个如图 3-4 所示的生产流程。每道工序都是一个独立核算的阿米巴。产品的流向由左至右，从左边的上游阿米巴购买半成品，进行加工，然后卖给右边的下游阿米巴。

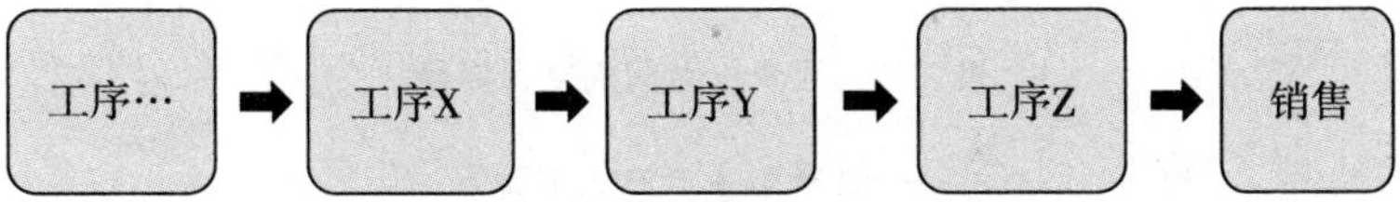

图 3-4　各工序阿米巴

而具体的交易流程是根据右边即下游阿米巴的订单量，在充分考虑自己的成品率等经营能力后，向左边即上游阿米巴购买所需量的材料。

下面让我们参照表 3-3 看一下。假设销售阿米巴拿到 100 万日元的订单，这也是 Z 工序的生产金额。如果佣金率是 10%，销售的佣金收入应该是 100 万日元× 10% =10 万日元。

假设 Z 工序的制造成本是 20 万日元，那么 Z 工序向 Y 工序采购的时候，为了确保盈利，最高不能高于70万日元（100万日元-10万日元-20万日元）。双方交涉后，从Y工序采购的总金额最终定为60万日元。这样，Z工序的利润就是10万日元。

当然对Y工序来讲，这60万日元就是Y工序的内部销售总额。以此类推，Y工序花25万日元从X工序购买半成品。除此之外，Y工序还花费了15万日元的生产成本，因此Y工序的利润是20万日元。而X工序再向上游阿米巴进行交易，获得11万日元的利润。

表3-3　阿米巴之间的交易案例

——订货型生产方式情况下

单位：万日元

	工序…	工序X	工序Y	工序Z	销售
对外出货				100	
内部销售	10	25	60		
内部采购	…	10	25	60	
销售佣金（收取佣金）				10	（10）
制造成本	…	4	15	20	
利润	…	11	20	10	10

这种交易关系在企业内部形成了一个内部市场。这个内部

市场通过销售部门连接着外部市场，因此外部市场动向可以迅速地传递到企业内部的所有工序。

如果销售阶段的零售价等交易条件恶化，只要没有极特殊的情况发生，工序间的交易也会随之变得艰难。而交易金额一旦下降，制造部门的各个阿米巴必然要考虑降低成本。

可以说，在阿米巴经营模式下，不仅是和销售部门有直接接触的工序，其他所有工序都有市场意识，都要根据市场变化进行经营。

二、定价是经营之本

- **每个阿米巴都是一个小的利润中心**

在职能制组织结构下，工序间的产品流动是以制造成本作为结算价格的。而在事业部制组织结构下，各事业部之间虽然也以市场价格为基准进行交易，但事业部内部工序之间的产品交付还是以制造成本价为基准。无论何种情况，都是在前一道工序的成本上简单地加上自己工序发生的成本。换言之，各工序只需承担成本责任。

但在京瓷，哪怕是最基层的工序之间的产品流动也不是基于成本价的单纯交付，而是按照双方协商的价格进行的交易。每个阿米巴都是一个小的独立利润中心，通过和其他阿米巴的交易赚取利润。也就是说，所有的阿米巴都负有核算责任。

- **领导人自主定价**

这里有一个问题，就是如何定价。有关这一点，京瓷奉行的是由阿米巴领导人根据本人意愿自行决定的原则。实际上，这个本人意愿很重要。

稻盛先生常说，“定价才是经营之本”。定价有许多选择依据，比如薄利多销或者厚利少销。定价时，看清客户能够欣然接受的最高价格很关键。由于业绩在很大程度上取决于定价，因此对经营者来说，定价是一项责任最重大的决定。

这并不仅限于同外部客户的交涉，阿米巴之间进行交易时也同样适用。领导人肩负着决定各自阿米巴存亡的使命，因此在进行价格交涉时，必须要有自己的想法。

- **定价体现经营头脑**

阿米巴领导人凭借商人应具备的才智和其他阿米巴进行交易。假设某阿米巴从下游工序接到半成品 A 的 1000 件订单。但如果按照以往 10 日元的单价出售就会亏损。遇到这种情况，领导人必须要考虑是否接这个订单。

解决办法有很多。假设该阿米巴能同时以 15 日元的单价拿到半成品 B 的 500 件订单，那么在采购 A 和 B 通用的原材料时就可以降低成本，综合算下来可以保证盈利。该阿米巴领导人还可以跟下游工序领导人谈一下该想法，如果对方同意，交易就能成立。由此可见，即使是乍一看不盈利的订单，只要发挥领导人的智慧，照样可以盈利。

另外，正确把握良品率也是领导人必须具备的一项重要能力。因为良品率的计算直接关系到从上游阿米巴采购的材料数量。假设领导人认定自己部门的良品率为 98%，则生产 1000 个合格品就需要购买生产 1020 个（1000 个÷98%）产品所需的材料。如果实际良品率为 90%，使用等量的材料就只能生产 918 个（1020 个×90%）合格品，这就必须要追加原材料，也就是说领导人没有准确地把握好良品率。

反之，如果实际良品率达到 100%，就可以生产 1020 个合格品，比订单数多出 20 个。如果下月还有同样的订单，就可以把这 20 个转到下个月去。但如果今后没有该产品订单了，这 20 个就彻底浪费了。

不过，阿米巴之间的交易并不单是冷酷无情的数学计算，还带有类似借贷关系的感情色彩。在上述例子中，假设没有订单要那多出来的 20 个产品，那么这些产品就变成了滞销库存。但如果下游工序能主动把这些产品活用在其他产品上，就可以避免浪费。这就类似于我们所说的欠了人情债，今后可以通过降低价格或者满足对方交货期等形式偿还。这也正是现实生活中具有人情味的交易的体现。领导人在定价时，一定不要忘了考虑这些因素。

总而言之，阿米巴领导人只要充分发挥自己的商业头脑，采取最能盈利的办法就可以了。如同上述事例，即使个别业务暂时无法保证足够的利润，只要熟知并提高良品率、生产效率，照样可以实现盈利。

● 经营上的差距最终会反映到业绩上

在阿米巴经营模式下，各阿米巴之间的交易非常接近于实际企业间的交易。每个阿米巴就如同一个小工厂，只有集结所有员工的智慧，共同努力才能生存下去。经营出色的阿米巴和经营不善的阿米巴，其业绩相差甚远。

当然，如果每次交易都要交涉，既费时又费力。在生产半导体零部件这样的工序中，如果每个月都有固定的订单，就可以提前决定一个利益分配比率，或制定一定的折扣规则。但是否制定规则，以及制定什么样的规则，取决于领导人的商业头脑。这所有的一切累积起来将会造成巨大的经营差距。

● 考察每一种产品的核算

定价时要考察每一种产品的核算。前文我们提到一个订单中搭配多种产品的情况，领导人在进行判断时也要单独考察每一种产品的核算。如果只知道把几种产品放在一起算个笼统账，就无法辨别每种产品的盈利情况。不同的产品，其零售价和成本时刻都在变化。而且，每种产品所占的比例也并不是一成不变的。即使刚开始盈利的产品也有可能在不知不觉中变成亏本的。另外，有时候还要根据需要接一些利润不高的新产品或战略性产品的订单，定价时也要单独考虑每一种产品的核算。

- **下发承包制度**

接下来让我们看一下下发承包制度这种独特的机制。在京瓷，阿米巴之间交易关系的设定遵循整体最优化原则，并不需要拘泥于工序顺序。

例如在国分工厂的机构零件事业部一科，如图 3-5 所示，共有切削、烧结、研磨三个系。同时负责最后出货的研磨系是原承包方，从销售部门拿到订单后分别向切削、烧结两个系下加工订单。也就是说，从产品流向看，虽然切削和烧结是两个前后衔接的部门，但他们之间并不发生交易关系。研磨系首先把切削系加工完之后的半成品全部买过来，再委托烧结系对这些半成品进行烧结加工。烧结完毕的产品在研磨系加工后再交付给销售部门。

这种交易关系是由这几个系的上层管理部门负责人——科

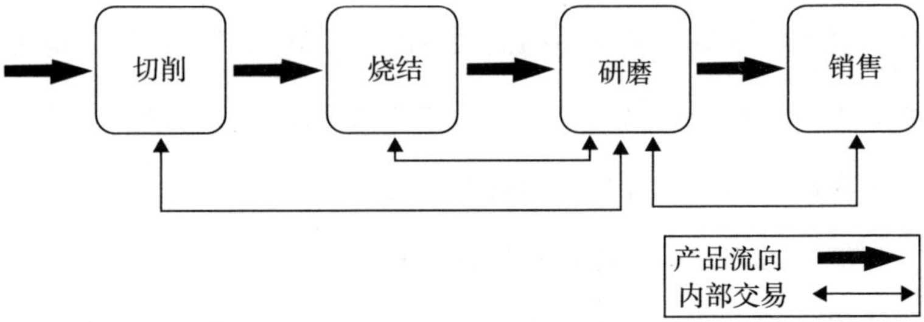

图 3-5　承包制度

长根据最大调动各阿米巴积极性以及以最快速度将市场动向传递到企业内部的原则来决定的。如果优先考虑市场动向的传递，那么图 3-5 中所示的交易关系是非常有效的。如果其中某个阿米巴的领导人特别优秀，也可以让其代替研磨系做原承包方。总之，一定要本着利于经营的原则来设定阿米巴间的交易关系。

如果现有的交易关系已经不再有利于把握经营现状，就可以随机应变随时改变这种交易关系。但在此之前，一定要充分考虑一下改变后的好处和改变所需的成本。

- **阿米巴之间的订单竞争**

在阿米巴经营模式下，可以不受工序顺序的限制和其他不相邻的阿米巴进行交易。如果多个阿米巴都可以进行同一种加工，那么甚至可以改为和条件更优惠的阿米巴进行交易。

如果交易对手被固定，就很容易导致卖方强势。但如果可以和多个阿米巴进行交易，买方则完全可以根据需要自由选择。由此可以促进阿米巴之间的竞争，防止卖方阿米巴垄断价格，控制交易。

比如，在半导体事业本部和精密陶瓷事业本部都有可以进行陶瓷金属化加工的阿米巴，如果某一方不能满足自己的要求，就可以选择同另一方合作。

实际上，这种做法迟早会破坏阿米巴之间的相互信任，并且耗费交涉成本，因此并不常见。但这种机制的存在很重要。定价时，这种机制的存在与否，将大大影响交易双方的力量对比以及紧张感。

- **定价必须符合交易双方的意愿**

阿米巴之间的交易也存在价格谈不拢的情况。遇到这种情况，由统管这两个阿米巴的上级部门负责人进行调解。也就是说，科级别的阿米巴之间的纠纷由部长出面调解。

但上级部门进行调解时，也要优先考虑阿米巴领导人的意愿，不能将价格强加给交易双方。所以，要反复和阿米巴领导人进行沟通，直到双方都认可为止。一般情况下，会以熟知市场动向，能客观判定价格的一方所提出的意见为参考，最后取得一致。

关于这一点，精密陶瓷事业本部部长中村升常务曾谈到："不能因为我是上司就由我来定价格，这违背了阿米巴的交易原则。如果把自己制定的价格强加给阿米巴，人家领导人必然会说'就因为你定的价格不好导致了我们业绩不好'。所以在调解价格纠纷时，上级领导必须认真分析交易双方的主张是否合理，为什么合理。我甚至认为，我是没有定价权的。定价关系到阿米巴的生死，作为上司绝不敢随便定价。"

- **引导双方达成一致**

价格纠纷经常发生在销售部门和制造部门之间。"客户只能接受这个价格"，"那我们制造部门就赔死了"，诸如此类的争论屡见不鲜。

京瓷出口海外的陶瓷泵零件因为日元升值出现赤字时，中村升常务曾召集销售部门和制造部门双方进行了一次会谈。根据双方提交的材料，发现销售部门报出的价格居然是客户希望的最低价格，中村升常务指示道："我们的产品质量好，供货也稳定，以此为理由一定可以提高售价。"同时，中村升常务让制造部门出示有关成品率、次品率的所有资料，根据资料显示的数据问道："这儿和这儿就没有办法再改善了？"结果制造部门回答说："这儿我们现在正采取这样的措施在改善。"

把所有的改善效果一加，居然变成了黑字，有了盈余。最终中村升常务总结说：“现在不能停产，要盈利可能还需要三个月或者半年的时间，但销售部门如果能按照这个价格拿来订单坚持做下去，慢慢我们就可以扭亏为盈了。”这种沟通，既可以让交易双方信服，又能够明确各方的努力方向。

三、从公司外部采购

- **同其他公司进行竞争**

阿米巴也可以从其他公司直接采购。哪怕公司内部其他阿米巴可以生产，只要外面有更好的产品，完全可以从外部购买。为了满足客户需求，必须用最好的零部件。在生产手机的北见工厂，有的电子零部件来自公司内部，有的则是从同行的其他大公司采购的。

如此一来，作为供货方的阿米巴必然要面临同外部其他公司的激烈竞争。不能因为是自己公司的部门就盲目保护，而要促使他们想方设法争取在质量和价格上超越其他公司。允许从外部采购，其实就是通过把市场引入企业内部来推动制造部门的改善。

四、销往公司外部

● 尊重阿米巴的独立性

阿米巴不仅可以从公司外部直接采购，还可以将各自的产品卖到公司外部。为了生存下去，阿米巴时时刻刻都在关注一切可能的商机。一旦发现，就会主动向销售部门提出自己的销售意愿。当然，如果存在核心技术外流的风险，公司会加以制止，但一般情况下公司会尊重阿米巴的意见。

京瓷热敏式打印机的打印头基板就同时卖给内部的薄膜事业部及外部其他公司。

另外，ECOSYS 打印机采用非晶体硅感光鼓代替传统的 OPC 感光鼓，是一种耐久性很高的产品。现在这种非晶体硅感光鼓也同时面向其他公司销售。

如果给阿米巴太多的限制，就意味着要更多参与它的经营活动，这违背了让每个阿米巴依靠自己的智慧自力更生的原则。不如放手让阿米巴自主经营，同时让他们肩负起自负盈亏的责任。

五、跳出阿米巴的框框进行思考

- **不能只考虑自身利益**

让阿米巴自力更生并不意味着可以只管自己不顾他人。如果把公司比作是一个庞大的生物体，那阿米巴就相当于眼睛、鼻子等各个器官。在最大限度地确保阿米巴自主性的同时，也坚决不允许有损害公司整体或长期利益的行为。

各阿米巴充分发挥自己的商业头脑进行竞争的同时，也要确保和其他阿米巴的协调。在作出某项决定时，一定要跳出阿米巴的框框思考。

换个角度想，这也算是一种交易。虽然不是“吃小亏占大便宜”，但如果只考虑自己部门的利益，不但不利于公司整体的成长，而且会损害客户或者地区共同体的利益。

京瓷有这样一句话，“销售保交期，制造接订单”。一般企业对此的想法应该是相反的，是销售负责接收订单，制造负责保证交货期。京瓷将此话反过来讲恰恰反映了如果只顾自己，而不能站在对方的立场上去进行经营的话，那阿米巴经营是无法成立的。

而且阿米巴的利己行为给企业组织造成的负面影响会赤裸裸地反映在单位时间核算表上，因此会及时受到纠正。

- **要有全局观**

总之，全局观很重要。但具体该怎么做呢？

首先，要脚踏实地做好日常工作。阿米巴的所有工作都是和其他部门联系在一起的。但由于整个组织被划分成许多独立的小集体，稍不留神阿米巴和阿米巴之间就会发生问题。比如，自己所属的阿米巴已经做好了加工的准备，但供货方阿米巴却突然发生故障交不了货，那就只能干等。在这种情况下，领导人一定要事先建立一种可以及时获取此类信息的体制。而且，一旦发生此类问题，应立即派人增援，保证材料的顺利供应。

此外，还要以月、周为单位制定详细的计划，并随时检查是否有遗漏或错误。在京瓷，为了做一个模拟，可以花费一整天的时间。在预算编制会议上，要对所有问题一一进行确认，比如“所需的材料都准备好了吗”、“哪天能做完”等等。在确认过程中，如果发现新问题，要立刻通知所有人一起调整。

最根本的还是沟通。阿米巴之间汇聚和流动着大量的信息。如果太在意与其他部门之间的界限，各部门的经营就会停滞不前。比如，设计部门的设计图改了，生产部门却没有收到通知，那么按照旧的设计图加工出来的产品就全部报废了。

● 要有正确的判断标准

光有全局观还远远不够，重要的是在此基础上作出正确的判断。特别是在阿米巴经营模式下，领导人不能一味等待上司的指示，要自主、迅速地作出判断。

因此，阿米巴领导人必须在日常活动中逐渐培养一种正确的判断标准。京瓷大力推广经营理念也是为了让所有员工拥有一套正确的判断标准。阿米巴领导人及其他所有成员要跳出阿米巴的框框站在全局的立场上作出正确的判断。这样企业才能作为一个完整的生命体正常运行。

六、阿米巴经营和市场

● 提高竞争力

阿米巴之间的交易是理解阿米巴经营的一个重要方面。前文中已经提到过，阿米巴经营模式可以将市场动向及时地传递到制造部门，制造部门据此很容易得知哪种产品可以盈利以及应该如何控制成本。同时各阿米巴还面临与公司外部供货商或者内部其他阿米巴之间的竞争，在这种模式下，各阿米巴只有不断地调整策略，适应日益变化的市场环境才能实现盈利。

这种模式将大大提高企业的竞争力，是阿米巴经营的一个重要优势。而这种优势在将制造部门和销售部门的责任彻底分开，认为销售部门负责市场，制造部门负责生产的体制下是无法获得的。销售部门和制造部门之所以能齐心协力迅速适应市场变化就是因为双方同时身处激烈的市场竞争当中。

- **实现并行工程方式**

在阿米巴经营模式下，制造部门获取市场信息后，联合开发部门共同探讨自己的技术优势以及能够向客户提供的有竞争力的产品，最终将方案提交给销售部门。这已经远远超越了单纯的部门间的沟通合作，说明京瓷在很早以前就已经实现了并行工程。

作为最近的一个热门话题，并行工程是一种在提高产品性能及客户满意度的同时又能有效降低成本、缩短开发周期和上市时间的产品开发方式。这也是它在这个竞争型社会受到关注的理由。

并行工程中，并不是采取开发部门的开发工作完毕之后再把结果交给设计部门的串行方式。开发部门在开发过程中就要将相关的信息提供给设计、采购或者生产技术部门。由此这些部门既可以同时开展各自的工作，也可以将各自的想法或者不合理的因素及时反馈给开发部门。最终，可以大大缩短产品的开发周期和上市时间，通过吸取其他部门的意见提高产品性能，并使许多生产上或者采购上的问题在开发早期就得到解决。

大多数人认为，推行这种并行方式需要组成项目团队，使用团队办公空间，建立能够促进信息传递和共享的集成化信息系统。但从第一章中提到的产品事业本部太阳能新能源事业部部长手冢博文先生的事例中可以看出，虽然没有上述条件，但作为开发部门负责人，手冢先生在与制造部门携手的同时，还积极邀请模具和原料供货部门一起开发，同样实现了所有相关部门的并行交叉作业。这种现象在京瓷随处可见，手冢先生并不是一个特例。

- **视其他阿米巴为内部客户**

为何在京瓷可以实现这种跨部门的合作呢？我们知道日本企业内部的组织界限本来就很模糊，但这并不是充足的理由。应该说是阿米巴经营模式本身促成了这种跨部门的合作。

阿米巴经营把企业组织细分为无数小集体，并把各个小集体的经营全权委托给领导人。但阿米巴之间是相互依存的，单凭自身的力量是无法盈利的。各阿米巴根据市场规律同其他阿米巴进行交易，其他阿米巴都是企业内部市场中的客户。在这种架构下，虽然企业会对单个阿米巴的核算进行严格的考察，但作为阿米巴，只有积极地同内部客户进行合作才能确保自己的利益。

例如，制造部门的阿米巴，一定要和其他阿米巴相互交流各自的生产安排，并根据需要进行适当的调整。否则就可能无法按时交付产品，从而和内部客户产生纠纷。阿米巴之间的信息交流实际上也是一种商谈。

因此，本书序中提到的“过于强调单个阿米巴的核算会不会导致各个阿米巴以自我为中心从而搅乱了公司整体的和谐”，这一担心是完全没有必要的。读到这里，读者的疑虑应该已经被打消了吧。

第四章

使用单位时间核算衡量业绩

一、单位时间核算的思路

- **来源于现场的会计体系**

在本章里，我们将分析一下单位时间核算。

单位时间核算是在京瓷成立后不久，由工程师出身的稻盛先生创造的来源于现场的管理会计体系。稻盛先生没有采取大多数企业所惯用的手法，他总在不停地思考“经营到底是什么”，不懈地探索经营的本质。单位时间核算的特色就在于它简单易懂，即使不懂会计也同样可以轻而易举地运用自如。

有的会计制度再怎么精练也还是显得过于复杂，而且通常只有精通会计的人才会使用。经常有人说“我们的员工不擅长和数字打交道”，难道员工真的不擅长吗？

在这个世界上，大多数家庭都靠每月从公司领的工资来安排家计，剩余部分存起来以备将来不时之需。因此大家不可能不擅长。如果到了公司变得不擅长了，与其说是员工的问题，不如说是数字的提供有问题。

京瓷的会计是在现金收付基础上，从收入中扣除花销得出利润的一个简单计算，就如同家庭收支簿一样简单易懂。而且，用利润除以总的劳动时间来作为衡量核算的指标，这种方式可以让员工更加直观地了解自己每小时所创造的附加价值。

- **反映经营状况**

单位时间核算并不是笼统地计算全公司的总数，而是以每个基层阿米巴为单位进行的精确计算。通过精细地划分工作提高数值的精确度，阿米巴成员的所有行动都会变得如玻璃般透明。整个阿米巴的经营状况也会很清晰地反映在最终的核算表上。

如果耍小聪明，采取只利己不利他的方式，或者有引发其他阿米巴不满情绪的行为，即使短期业绩不错，两三个月后问题也必然会慢慢暴露出来。只有采取任何一方都赞同的方式，从根本上去解决问题，才能不断提高每个月的单位时间核算数值。

• 评价员工为公司作出的贡献

单位时间核算数值表示的不是一个阿米巴总共创造了多少利润，而是单位时间内创造了多少附加价值，它是衡量员工为公司这个命运共同体所作贡献的一个重要指标。

采用小集体部门核算制度最大的问题就是各部门只顾自己的利益从而损害了公司整体的利益。为了防止出现此类问题，在评价单位时间核算时，不过度强调单个部门的利益。对成绩好的阿米巴，不会给予金钱奖励，只给予他们“为公司作出卓越贡献”的荣誉。公司的整体利益最重要。如果为了自己部门能够盈利而不惜损害其他部门的利益，必将受到严厉指责。

在阿米巴经营模式下，组织被划分成许多小的单位，因此同其他相关部门的合作显得尤为重要。而且阿米巴的领导人拥有绝对的经营权，他们能否作出正确的判断是成功与否的关键。因此，决策层有必要向阿米巴领导人传达我们这里所讲述的利润的真正含义，让他们理解每个单独的阿米巴最终都要为了公司的整体利益而努力。

• 发挥阿米巴经营的力量

我们经常看到许多公司由于决策层的经营方针和管理制度不吻合，导致员工不清楚公司的发展方向。最典型的就是决策层虽然重视长期发展，但在进行业绩评估时却过于强调各部门的眼前利润，不进行足够的投资。

通过上文我们已经知道，单位时间核算的架构设计以及运用可以充分挖掘出阿米巴经营的实力。这是因为单位时间核算和阿米巴经营有着共同的理念，即何谓正确。稻盛先生自创业以来持续探索追求“如何让经营变得简单”、“如何带动全体员工的积极性”，最终创造出了阿米巴经营模式和单位时间核算制度。

二、单位时间核算的诞生

- **让员工了解经营内容**

那么单位时间核算是怎样诞生的呢?

1959年京瓷成立初期，主要制造电视显像管零部件。作为一个规模极小的零部件生产商，根本没有资格讨价还价，要想赚取利润，只有尽可能地消除浪费。

由于资金短缺，京瓷买不起更多设备，所以只有想方设法利用现有的设备提高生产能力。于是稻盛先生想到了不依靠设备，而是充分挖掘人的潜力这一办法，比如根据工作量大小实行两班制或三班制。但是，一味的强求无法令员工信服，于是稻盛先生决定把经营内容展示给员工，让他们了解企业的现状，告诉他们“这是你们现在的成绩，凭这个成绩，大家将没有饭吃，所以要加倍努力”。

当时大部分企业的经营者都认为“企业的重要信息如果外漏将对公司不利，因此公司的经营状况只让经营者知道就可以了，没有必要让员工知晓”。但是京瓷却认为“话是如此，但让员工了解经营状况比不了解好，这样才能激发员工的干劲儿和责任心”。

● 重视订单

如何让员工了解企业现状呢？这就需要有一个所有人都能理解的方式。

京瓷以前只是一个按照客户订单进行生产的零部件生产商，因此特别重视从客户那里争取订单。为了提高销售能力，必须以销售为主导，并根据需要组成团队来支持销售。也就是说必须接受客户提出的价格，然后争取在生产过程中挤出利润。

为此，首先要把订单金额、单价、订单数量等信息传达给所有员工，接下来要告诉他们与之密切相关的生产金额和生产计划。这种传达不是简单的“你生产了什么产品”，而是积极主动地用金额来告诉他们“生产了价值多少钱的产品”。

● 通过单位时间核算进行公平竞争

公司规模扩大后，有了多个生产基地，有的工厂专门生产陶瓷，有的工厂专门负责在陶瓷上安装金属配件。渐渐地工厂之间产生了竞争。最初，京瓷使用单位时间产值（用各部门的产值除以总时间）来评估各个阿米巴。但专门生产陶瓷的工厂提出这种评估不公平，自己使用廉价的原材料生产陶瓷，而在安装金属配件的工厂，由于金属配件本身价格昂贵，不需特别的努力就可以轻易获得高产值，单位时间产值自然也很高。

鉴于此，京瓷决定改用单位时间核算，即从产值中扣除所有的费用，然后除以总时间作为新的评估标准。这样阿米巴之间就可以不受产品或者规模的影响进行公平竞争了。

● 把单位时间核算引入销售部门和间接部门

由于当初京瓷最首要的任务是增强制造部门的能力，因此只在制造部门推行了单位时间核算制度。后来随着制造部门的扩大，销售部门也随之扩大。于是 1970 年前后，京瓷又先后在销售部门和管理部门也引进了单位时间核算制度。由于管理部门没有产值，就把它作为一个非营利性阿米巴只跟踪考察其费用和劳动时间。

- **基本思路永远不变**

随着公司规模的扩大以及事业多元化的发展，京瓷对单位时间核算表的结构进行了各种修改，比如曾一度使用分数来代替金额表示单位时间核算。而且目前再次启用单位时间产值作为衡量生产能力的指标（非成果指标）。几年前，京瓷开始把含劳务费在内的月度结算报表发给科长以上的管理人员，旨在引导他们不要只考虑单位时间核算，还要考虑最终收益。

今后，京瓷肯定还会继续探索更好的方式，继续加以改善。但“探索何谓正确”这一基本思路是永远不变的。或许应该说，在这个瞬息万变的时代，单位时间核算只是实现这一思路的手段之一。我们不能把认识只停留在单位时间核算的计算方法上，还要了解其背后的基本思路。

三、制造部门的单位时间核算

- **单位时间核算的计算方法**

接下来让我们来看一下单位时间核算的计算公式。首先看一下制造部门，其计算公式如下：

总出货＝对外出货＋内部销售

生产总值＝总出货－内部采购

结算销售额＝生产总值－费用

单位时间=结算销售额÷总时间

让我们以假设一个阿米巴某月份的生产活动依次解释一下。假设这个阿米巴从上游阿米巴采购烧结好的陶瓷半成品，在本部门安装上金属配件后再卖给下游阿米巴。再假设这个阿米巴同时把自己的产品卖给外部其他公司。让我们参照制造部门的核算表（表4-1）来看一下。

表4-1　制造部门核算表

总出货　　（千日元）	A=B+C	26 800
对外出货　　（千日元）	B	6 300
内部销售　　（千日元）	C	20 500
内部采购　　（千日元）	D	2 200
生产总值　　（千日元）	E=A-D	24 600
费用合计　　（千日元）	F=（a）+（b）+…+（q）	12 000
原材料费	(a)	500
金属配件·商品采购费	(b)	10 000
外包加工费	(c)	200
修理费	(d)	100
电费	(e)	100
……	…	…
利息折旧费	(m)	300
部门内公共费	(n)	100

续表

工厂经费	(o)	200
内部技术费	(p)	100
销售·总公司经费	(q)	300
结算销售额 (千日元)	G=E-F	12 600
总时间 (h)	H=(x)+(y)+(z)	2 000
正常工作时间	(x)	1 800
加班时间	(y)	100
部门内公共时间	(z)	100
当月单位时间核算 (日元/h)	I=G÷H	6 300
单位时间产值 (日元/h)	J=E÷H	12 300

- **总出货的计算方法**

首先，总出货 A 对于制造部门阿米巴来讲，相当于销售额，它包括对外出货 B 和内部销售 C。对外出货是指安装完金属配件后卖给外部其他公司，内部销售是指卖给内部其他阿米巴。

该阿米巴当月对外出货是 630 万日元，内部销售是 2 050 万日元，因此其总出货是 2 680 万日元。

- **生产总值的计算方法**

总出货中包含了从其他阿米巴采购的产品金额。为了得出自己阿米巴当月的纯生产金额即生产总值 E，就必须从总出货

A 中扣除内部采购 D。

在此表中表现为从总出货 2 680 万日元中减去为采购烧结完毕的陶瓷半成品而支付给上游阿米巴的 220 万日元，得出生产总值是 2 460 万日元。

- **结算销售额的计算方法**

从生产总值 E 中扣除该阿米巴花费的费用 F，可以得出该阿米巴的结算销售额 G，结算销售额 G 类似我们通常所说的附加价值。

该阿米巴当月的结算销售额是：生产总值 2 460 万日元-费用合计 1 200 万日元= 1 260 万日元。

- **费用范畴**

在这里我们要注意一下“费用”这个词。一般的会计核算把成本分为三个项目：材料费、劳务费及其他各项费用。但这里所说的费用并不是成本核算中的“其他各项费用”，而是阿米巴在一定期间内所花费的所有费用，即所有的花销。

如果该阿米巴使用了原材料，那就要记入原材料费（a），如果安装的金属配件是从别处采购的那就要记入金属配件费（b）。除此之外，还有外包加工费（c）、利息折旧费（m）、修理费（d）等等，只要和生产有关的费用统统都算在该费用项目里。

另外，所属事业部内公共费用（n）、工厂整体承担的费用（o）、支付给科研部门的内部技术使用费（p）、总公司经费或支付给销售部门的佣金（q）也要根据受益程度大小分摊给该阿米巴，记入费用。该费用项目中唯一不包含的只有劳务费，有关这一点，后文中将加以详细说明。

这里还有一点需要注意，即制造成本、销售经费以及一般管理费也被一并列入该费用。因为对于现场员工来讲，把这些费用单独分出来意义不大，因此就没有必要拘泥于一般的会计常识刻意将其分离出来。由此可以看出，核算表的设计非常合理，避免了一些可有可无的事情带来的干扰，非常有利于员工抓住工作重点。

- **单位时间核算的计算方法**

单位时间核算是用结算销售额 G 除以总时间（该阿米巴所付出的所有劳动时间）计算出来的。如果该阿米巴有 10 位成员，那么总时间 H 就是这 10 位成员的正常工作时间（x）和加班时间（y）以及该阿米巴所应分摊的事业部内公共部门工作人员的劳动时间（z）的总和。如果曾接受其他阿米巴的支援，那么该部分支援时间也要计算在内。

在表 4－1 中，结算销售额 1 260 万日元除以总时间 2 000

小时得出的单位时间核算数值是 6 300 日元/小时。

有的核算表中会加入单位时间产值 J 作为衡量生产能力的指标，它等于生产总值 E 除以总时间 H。

四、销售部门的单位时间核算

• 单位时间核算的计算方法

接下来让我们看一下销售部门的单位时间核算。在前一章我们提到，销售分订货型生产方式（充当制造部门和客户之间的中介）和备货型生产方式（从制造部门购买产品，自负盈亏）两种。相比较之下，前者更接近阿米巴经营的基本思想，即企业利润来源于制造部门，而且也是大多数阿米巴采用的方式，因此接下来我们只讨论订货型生产方式。

总收益 = 销售额 × 佣金率

结算收益 = 总收益 − 费用

单位时间核算 = 结算收益 ÷ 总时间

在这里，同样以假设的一个阿米巴某月份的销售活动进行说明。让我们同时参照销售部门的核算表（表 4 − 2）看一下。

表 4-2　销售部门核算表

销售额	（千日元）	A	105 000
总收益	（千日元）	B＝A×佣金率	10 500
费用合计	（千日元）	C＝（a）＋（b）＋…＋（q）	3 400
电话通信费		（a）	400
差旅费		（b）	300
销售手续费		（c）	600
促销费		（d）	100
广告宣传费		（e）	200
招待费		…	…
……		…	…
租赁费		（p）	300
总公司经费		（q）	300
结算收益	（千日元）	D＝B−C	7 100
总时间	（h）	E＝（x）＋（y）＋（z）	1 000
正常工作时间		（x）	800
加班时间		（y）	100
部门内公共时间		（z）	100
当月单位时间核算	（日元/h）	F＝D÷E	7 100
累计单位时间核算	（日元/h）	G	5 200
人均销售额	（千日元/h）	H＝A÷I	21 000
人员	（人）	I	5
订单总额	（千日元）	J	234 500

- **总收益的计算方法**

一般企业会把销售价和制造成本的差额，即毛利看作衡量销售部门的成果指标，但在京瓷的订货型生产方式下，这部分利润责任属于制造部门。销售部门的收入只不过是佣金收入，单位时间核算表的计算也反映了这一点。

销售部门的总收益 B 是销售额 A 乘上佣金率得出来的。实际上，产品或者销售方法不同，佣金率也不同，但在这里为了方便起见，统一设定为 10%。所以，当月销售额 1.05 亿日元的 10%，即 1 050 万日元就是总收益。

- **结算收益的计算方法**

结算收益 D 的计算方法和制造部门的计算方法相同，都是用总收益 B 减去劳务费以外的所有费用 C。费用如表中所示，包含与销售活动相关的所有费用。

从总收益 1 050 万日元中扣除 340 万日元的费用，得出当月的结算收益是 710 万日元。

- **单位时间核算的计算方法**

单位时间核算的计算方法也和制造部门相同，都是用结算收益 D 除以销售部门花费的总时间 E。

当月总时间是 1 000 小时，所以结算收益 710 万日元除以

1 000 得出单位时间核算是 7 100 日元/小时。

另外，在销售部门，有时还会使用累计单位时间核算 G、人均销售额 H、订单总额 J 等作为参考指标。

五、单位时间核算的架构

- **只需追踪物品和票据的动向**

以上是制造部门和销售部门单位时间核算的大致计算方法。接下来，再补充几个要点。

单位时间核算力求做到使没有任何专业财务知识的领导人都能够亲自计算。阿米巴领导人不承担资产负债表的责任，他们通过单位时间核算表看到的只是相当于损益计算表的部分。简单地说，类似家庭收支簿。

这是一种计算上没有任何晦涩的会计原则。只要如实记录自己阿米巴内的物、钱的动向即可。而支撑这一简单机制的要素之一正是物和票据的一一对应原则。

在阿米巴经营模式下，必须保证物品和票据一一对应，同时移动。这两样东西从一个阿米巴过渡到另一阿米巴时，即意味着交易完成。

• 出货即视为完成销售

在制造部门阿米巴，产品或半成品一旦加工完毕进入出货仓库，即使还没交付给客户，也算作完成销售，计算其销售额。总之，只要在指定期限前把货物和传票一起送到出货仓库就可以了。尽管对外尚未完成销售，但制造部门阿米巴无需顾及产品库存。出货方面的事务性工作，由物流部门或销售部门负责。

阿米巴之间的交易同样如此。假如阿米巴 A 把 100 个陶瓷半成品和相关票据交付给了阿米巴 B，就要在阿米巴 A 的内部销售、在阿米巴 B 的内部采购中加上这 100 个半成品的金额。这种方法等同于现金结算，直观易懂。

• 没有库存盘点记账处理

实际上，在单位时间核算中没有库存盘点这一账目。让我们来看一下这和一般的会计手续有何不同。

一般企业里，费用的记账标准不是货品买了没有，而是使用了没有。还是上述阿米巴 A 和阿米巴 B 的例子，如果换作一般的记账方式，首先卖方阿米巴卖掉 100 个陶瓷半成品，到这里是完全一样的。接下来看一下买方阿米巴，重点不是买了多少个，而是实际使用了多少个。

如果当月把这 100 个全部用掉了，那么计算是不变的。但如果只用了其中的 70 个，那么只有这 70 个的金额才能记入当月费用。剩下的 30 个要作为库存商品处理。

这种做法在把握当月费用方面是正确的，但对于没有这方面专业知识的员工来讲，根据物品的流动，将这 100 个全部算作费用或销售额反而更容易理解。

• 购入即视为费用发生

在京瓷，原材料或者辅助材料等物品的采购，原则上都按照上述原则进行处理。也就是说，不设库存盘点项目，一旦购入，即视为费用发生，也就是现金本位原则。无论阿米巴之间的交易还是同外部其他公司的交易都按照该原则处理。

假设从外部其他公司一下子购入了三个月用量的陶瓷金属配件。如果按照一般的会计处理原则，只有用掉的才能算作费用，剩余部分记作库存。但按照京瓷方式，要全部算作当月费用。在核算表里金属配件一栏中，显示的是这三个月用量的总金额。

• 没有自制半成品一项

同样，在京瓷，每月并不清点自制半成品。根据一般的会计制度，如果有当月已经开始生产但尚未制造完成的中间产品，其消耗的原材料费或者加工费不能记入当月费用，要记入库存。

但在单位时间核算制度下，并不会对自制半成品特殊看待，要一视同仁地根据购入即等于费用发生的原则统计费用，和制造是否完成无关。

- **靠双眼进行库存管理**

这种做法有几个目的。

第一，在前文中已经提到过，可以让现场的领导人更加直观地理解交易。无论是买还是卖，都无需刻意考虑库存盘点，只要根据眼前发生的物品流动和与其对应的以现金本位为基础的核算表就可以进行经营。

第二，可以简化各种事务性手续。公司内部 1 200 多个阿米巴源源不断地从外部采购各种物品，在公司内部进行交易。如果把发生的每笔交易都一一分成费用和库存分别记账会很繁琐，而全部记入费用可以省掉这些麻烦。

当然这并不等于说不进行库存管理，而是把库存由会计部门根据资产负债表进行控制改为由现场领导人靠双眼进行管理。反过来说，在阿米巴经营模式下，靠资产负债表管理物品流动，会过于复杂而导致管理跟不上。如果不采取用双眼来看的做法，很难如实地再现各个阿米巴之间的交易。

第三，可以防止过量采购。

阿米巴领导人要努力提高单位时间核算。如果采购过量，必然会导致费用突涨，核算下跌，所以每月都是按需采购。

当然，如果大量采购有一定折扣，也可以多买一些，只要控制好下个月的费用就可以了。但通常到了下个月，领导人往往会把上个月核算下跌的事情忘得一干二净，不知不觉造成浪费。因此，在京瓷一直坚持“买一升原则”，即只买现在所需要的量。

另外，“买一升原则”可以节约库存成本、管理成本及库存利息。同时还有利于改善各阿米巴的单位时间核算。

而且，像半导体零部件或者 PHS 这些变动剧烈的产品，一个月后设计式样发生变化是常有的事。过量采购的材料因此一下子变成滞销库存，会造成很大的损失。坚持“买一升原则”，可以避免此类风险。

在一般的会计制度下，未使用的物品不记入费用，只作为库存处理。因此月度核算不会突然大幅下滑，只是库存增加了，这会大大减弱领导人对库存变动的敏感度。现场员工很难感受到损失，往往就会放松管理。而且他们会认为，即使不立刻采取措施也不会对经营造成任何影响，长此以往，就耽搁了库存处理，等到发觉时，滞销产品已经堆积如山了。

- **费用和劳动时间的分摊问题**

接下来是有关费用和劳动时间的分摊。

在单位时间核算的计算方法中已经提到过，公共部门或者间接部门的费用要根据受益程度大小分摊给各阿米巴。如果使用了其他阿米巴采购的部件，此部分费用也要转到使用部门。

很多企业在事业部、部、科层面实施这种费用分摊，但在京瓷，是在仅几人的班组之间进行的。由于阿米巴数量众多，因此处理此类分摊需要大量的事务性工作，但如果取消，就很难正确把握阿米巴的核算。既然把经营权和核算责任下放给了员工，就要让他们了解各项费用的去向及具体金额。

国分工厂会计科负责人田熊道由先生说过："单位时间核算并不仅仅是用来向上级汇报的工具，也是基层员工用来认识自己部门活动的依据。需要许多细致的事务性工作，这也很正常。"在一般的公司看来，似乎有些多余，但在阿米巴经营模式下，却是现场员工进行经营必不可少的。

劳动时间也同样，公共部门或者间接部门的劳动时间要由受益的阿米巴分摊。时间的分摊对管理部门来讲也是一项非常繁琐的工作。但出于和费用分摊同样的理由，所有部门都要认真执行。

除了准确计算核算以外，此类分摊还有一个目的，即牵制间接部门的费用及劳动时间。由于把费用和时间分摊给了各下属阿米巴，如果分摊费用或时间大幅度增加，制造部门或销售部门的阿米巴必然会向间接部门提出强烈抗议。这种体制可以使间接部门时刻处于监督之下。

重要的是，像库存资产等对阿米巴经营来讲可有可无的项目一定要学会简化，而对于公共部门或者间接部门的费用等必须考察的项目，无论多么麻烦，都要进行统计。特别是决策层或设计这些管理制度的人，一定要搞清楚焦点和核心。

- **劳务费不记入费用**

最后看一下劳务费的处理。单位时间核算表的费用中不包含劳务费。取而代之的是统计总的劳动时间，来作为计算单位时间核算的分母。

费用中不含劳务费，这在一般的成本计算里属于特例。但这样做有它的理由，因为用金额来表示劳务费反而不利于阿米巴的经营。因为员工工资有差别，如果阿米巴领导人掌握了每位员工的工资信息，很容易导致工资高的人被赶走。此外，也有可能因为顾虑到这一点而无法果断地处理人事问题。

如此必然会阻碍人员流动，进而失去阿米巴经营应有的灵活性。同样的时间标准足够用来考察员工的生产能力，单位时间核算注重的是如何让员工付出最大的努力，这和工资高低无关。我们不能让经营活动跟着计算方法走，而是要让计算方法成为促进公司经营的工具。

- **员工不是成本**

单位时间核算表示的是阿米巴成员每小时创造的附加价值。换个角度想，就是把劳动力看作利润源泉，而非单纯的成本。人毕竟和机器设备不同，不能算成费用。有关这一点，会计部部长石田秀树说："我个人非常赞成不把自己的工作当成费用来算，不断创造附加价值并以此维持生计是个很不错的想法。"

- **必须保证单位时间核算高于平均工资**

以上想法体现了对员工的尊重。但另一方面，员工也必须更加努力地工作。为了维持生计，各阿米巴至少要保证单位时间核算高于每小时的平均工资。

这个平均工资并不是员工个人或单个阿米巴的平均工资，而是所有员工的平均工资。和前文中提到的理由相同，没有必要考察每位员工个人的工资。所有员工的工资平均值才是衡量公司能否维持下去的基准。

假设每小时平均工资是 2 500 日元，而某阿米巴的单位时间核算只有 1 500 日元，那领导人必然会受到追究："这个核算值就跟你们每工作一小时就送给客户 1 000 日元是一个道理，你们到底都在干什么？”

既然提倡独立核算，就必须保证核算要高于单位时间平均工资。1995 年，京瓷曾发起“争取达成并超越年度预算中的预定单位时间核算”的活动。如果阿米巴提交的单位时间预算低于平均工资，就连参加这个活动的资格都没有。要在公司这一命运共同体之中生存下去，必须争取成为养活他人的一方，而不是靠他人养活的一方。

● 充分理解基本原则

本章中谈到的单位时间核算规则只涉及了最基本的原则部分。而即使在京瓷，也有许多部门由于某些特殊的原因，采取了与之不同的做法。另外，许多引进阿米巴经营模式的其他公司，也都根据各自的工作性质对该方法作了相应的调整。

最重要的是要充分理解基本原则。只要掌握了基本原则的初衷，就可以根据具体情况进行变通。反之，如果在没有充分理解基本原则的前提下毫无根据地修改，就有可能出现问题，甚至导致阿米巴经营彻底崩溃。关于这一点，请参考第七章中介绍的 DISCO Corporation 引进阿米巴经营模式的事例。

另外，为了便于读者理解，本章中使用的核算表是京瓷实际使用的核算表的简化版。好的核算表一定要让主要指标一目了然。

京瓷有一位员工说：“核算表是触动心灵的工具。”在设计核算表时，最重要的是能否振奋人心，是否便于基层领导人使用，是否能够根据公司实际情况将其设计成所有人都能看懂经营的形式。

六、单位时间核算的运用

● 提高单位时间核算的三种方法

提高单位时间核算的方法非常简单。看一下单位时间核算的计算公式就可以得知，无非就是增加生产、降低费用或缩短时间。

单位时间核算=（生产总值-费用）÷总时间

要增加生产，就得多接订单；要降低费用，就需减少浪费；要缩短工作时间，就提高工作效率。方法很简单，要点也很清楚，谁都能理解并且都知道该怎么做。

如果经济不景气，无法增加订单，就只有把重点放在降低费用和缩短时间上。参考费用明细，检查是否买了多余的物品，考虑是否可以改变工作流程提高效率。阿米巴所有成员只要稍微动动脑筋，想想自己能做些什么就可以了。

● 绝对不可以降低生产效率

运用单位时间核算时，一定要铭记无论发生什么事情都不能降低生产效率。

石油危机爆发时，京瓷也未能幸免，订单减少了一半。当时稻盛先生曾说："提高生产效率需要投入一万分的努力。但是，不能因为现在有了多余的人手就把原本五个人干的工作交给十个人去干。五个人的工作只需要五个人。否则辛辛苦苦提高的生产效率就会功亏一篑，又要从零开始重新努力。"

当时京瓷采取的措施是把多余的人员抽调出来，让他们去制作花坛，打扫工厂四周的水沟，组织大家开学习会。同时让留在现场的员工保持原有的工作效率，争取不让单位时间核算出现回落。渐渐地，员工开始意识到"只有自己的部门稳健经营，大家才有饭吃"。

● 以每个单月都盈利为目标

另外，持之以恒地把单个月盈利作为目标也很重要。KCCS 的森田直行社长在从事阿米巴经营咨询业务时，指导大家说："有些行业会有季节性变动，但无论如何请务必保证每个单月都盈利"，"每个单月都盈利就意味着即使在受季节变动影响最大的淡季也能盈利，那么旺季就能赚得钵满盆盈。"

曾经有一位公司的社长说："我们上半年亏损也没关系，

反正早晚下半年会盈利的。”森田社长问他：“那社长您就不担心吗？”社长答道：“当然担心了，一想到今年有可能不如去年，我就坐立不安。”于是森田社长告诉他：“既然这么担心，那就争取消除上半年的赤字，扭亏为盈吧。”

在运用单位时间核算时，让亏损部门充分意识到自己部门发生了亏损很重要。在这一点上一定不能妥协，要在所有员工当中培养一种不实现盈利绝不罢休的强烈意志。

七、单位时间核算的特色

● 简单易懂

前文中我们谈了单位时间核算的具体架构。最后，让我们看一下单位时间核算的特色。

在本章开头部分已经提到过，根据家庭收支簿管理家庭开支，这种程度的数字计算，几乎所有人都会。京瓷正是让阿米巴领导人通过有效利用这种能力来经营各自的阿米巴。为此，必须保证不擅长数字的人也能看懂核算表上写了些什么。而且，要能保证他们会计算，并能据此判断出产品是否能盈利。单位时间核算的设计满足了以上的所有条件。

核算表就像家庭收支簿或零钱管理账本一样，进来的钱和出去的钱一目了然。虽然格式简单，但却囊括了阿米巴经营所需的所有项目。比如制造部门阿米巴的核算表，除劳务费外，不仅包含了材料费、模具费、修理费、电费、天然气费，还包含了利息、折旧费、销售经费、总公司经费等所有费用。

另一方面，核算表的设计还避免了一些可有可无的事情牵扯领导人的精力。比如，对生产影响不大的通信费、差旅费等一概划作杂费。另外，不对制造成本和销售经费及一般管理费进行区分也是出于此目的。

一旦习惯了这种计算，就会觉得损益计算表等会计表格繁琐难懂。很多员工说："在京瓷，从上到下所有员工靠的都是单位时间核算表。"

京瓷 1982 年收购了通信器材生产商计算机网络工业，1983 年又收购了照相机制造商雅西卡。这两家企业在被收购后立即引进了阿米巴经营模式。最初，大家对陌生的单位时间核算抵触很大。但京瓷并未妥协，坚持采用相同的核算表格式。现在这两个部门都创造出了骄人的业绩，相信当时有过抵触情绪的员工现在肯定也已经觉得离不开核算表了。

- **坚持用金额表示**

凡是使用单位时间核算表的活动，其目标和结果都是用金额来表示。所有票据，除了数量以外，还标有金额。员工知道的不仅仅是"买了几个"、"生产了几个"，还有"花了多少钱”、“赚了多少钱”。

而且，通过用金额来表示，员工自然会理解哪怕一个螺丝都是钱的道理。半导体零部件事业部叠层管理科的福留敏宪先生带我们参观工厂时说：“这里的每位员工连利息都知道得一清二楚。闲置一台机器等于支付多少利息大家都很明白，所以很少会让机器停下来。”

钱是最简单明了，也是使人印象最深刻的东西。通过用金额来表示的核算表，领导人很容易感知自己部门为全公司作出的贡献，也会切实感受到自己正经营着一个阿米巴。

- **基于准确的数字展开竞争**

使用单位时间核算，可以不受工作内容的影响对所有阿米巴进行比较公正的评价。而且不会出现阿米巴因为人数少而处于不利地位的现象。200 小时内创造了 200 万日元利润的阿米巴和 1 000 小时内创造了 1 000 万日元利润的阿米巴的单位时间核算是完全一样的。

当然，阿米巴的成绩不能仅凭数字来判断。还需要考察具体的经营内容，看看阿米巴是否在各自所处的环境下尽了最大的努力。

不过，精确的数字统计仍然是展开竞争的前提。数字要公布给所有成员，这样可以唤醒员工不想输给其他阿米巴的欲望。这具有很重要的意义。而且，阿米巴之间也会像参加游戏比赛一样，为实现更多的盈利展开竞争。

● **及时统计出核算**

在阿米巴经营模式下，各阿米巴当天的实绩在第二天就要统计出来反馈给现场。

现场员工希望能马上看到自己的工作成果。再没有比见到自己提出的改善意见反映在第二天的数字上更令人高兴的事情了。“改善后效果果然和预料的一样”、“为什么没什么效果呢”和“下次再试试别的办法”等想法也会如雨后春笋般涌现出来。

但其实在大多数公司，实绩都是每个月统计一次，而且直到下个月的月中或月末，才会在一些比较重要的会议上反馈给员工。这好比凭借过去的记忆对很久以前犯下的罪行进行审判。而如果可能，没有人愿意再去回顾过去的数字。

对于已经习惯了此种做法的决策层或管理层来说，及时统计核算显得很不可思议。因为他们潜意识里已经认定“月度结算就应该是这样的”，对于是否有必要每天统计，他们连想都不会想。他们真的认真听取了现场的意见了吗？他们是否想过，每天把数据反馈给员工会令员工的工作热情发生多大的变化？京瓷的经验告诉我们，当员工习惯了察看每天的业绩数据后，停止数据的反馈反而会打击他们的积极性。

而且，决策层应该比任何人都想早点知道经营结果。企业经营和开车驾船是一个道理，都是越早察觉危机就能越快地采取措施。

前文中多次提到过，单位时间核算是产生于现场的会计体系。它并不是原封不动沿用会计专家们提倡的所谓常识，而是为实现“把握每一天的数字”这一强烈愿望而诞生的卓越的会计体系。

- **加速经营节奏**

京瓷的经营循环比一般企业大致快了一拍。下一章我们会详细说明一下阿米巴经营循环，其速度令人瞠目结舌。

比如其他公司在检讨每个月预算和实绩的差异时思考的问题，即对日常业务的反省和对新对策的摸索，京瓷在每天的反馈中就已经完成了。其他公司在年度、半年、季度利润计划或预算中要涉及的问题，即详细的计划制订，京瓷则每个月都在进行。而其他公司三五年的中期发展规划中确定的发展方向或展望，京瓷都编制在了年度计划里。

两者背后是信息反馈速度上的巨大差距。而这种差距长年累月将造成企业行动和成果上的巨大差距。

● 数据是逐步汇总起来的

单位时间核算卓越的地方不仅仅是速度，还有精确度。

速度和精确度看似矛盾，其实不然。一次统计一个月的数字很麻烦，但一次只统计一天的数字很简单，而且可以保证数字的精确度。只要设定一套次日就可以计算出当日业绩的体系，剩下的就是把每天的数字一步步加上去。这样就可以迅速准确地反馈信息。

而且，把每天的数字反馈给现场，有利于员工及时发现错误。但如果是一个月的数字，跨越时间过长，就很难做到这点。

● 单位时间核算数据和结算数据密切相连

把各个阿米巴统计的数据简单相加就可以得出全公司的单位时间核算。实际上，京瓷月度结算数据和单位时间核算数据几乎完全一致。简单地说，就是从单位时间核算表的利润中扣掉劳务费。单位时间核算并不是虚构出来的数据，而是和结算密切相连的。

反之，如果单位时间核算是和结算完全不相干的代替品，就很容易引起混乱。管理层看到单位时间核算和月度结算这两套截然不同的数据，必然会产生疑惑。如果还要追查“哪一套正确”，找出不同，那就失去了其作为经营判断依据的资格。

- **通过数据让每个角落都变得玻璃般透明**

由于单位时间核算是各项数据的精确汇总，因此从单位时间核算表的数字中可以清楚地看到每个经营细节。数据可以按照部门、职能或工厂自由分拆，另外，基层的动态也可以借助各项数据一步步传递到决策部门。

我们经常听到某些经营者感叹："公司刚成立只有几个人的时候，公司内部发生了什么我一清二楚，但随着规模的扩大就越来越弄不清了。"公司最高领导人无法掌握公司动态是一个很严峻的问题。不能因为这是个普遍存在的问题就听之任之，要想方设法解决这个问题。

会计经常被揶揄成记分牌。棒球记分牌上能显示选手的输赢却不告诉选手该怎么办。因此选手不能紧盯着记分牌，而要把精力集中在比赛上。同样的道理，会计数字只不过是个结果，更重要的是现场的改善活动。众所周知，战后日本企业采取的正是现场中心主义，这和欧美企业奉行的会计优先主义的管理方式形成了鲜明的对比。

但是单位时间核算表不同，与其说它是记分牌，不如说是飞机上的各类仪表盘。稻盛先生说："经营者就好比驾驶员。驾驶员必须参考仪表盘上显示的数据操纵飞机。单位时间核算凭借数据的层层累计保证各项数据如仪表盘般精确。这些数据可以让企业经营变得玻璃般透明。决策层根据这些数据及时把握公司内外的各类信息，才能作出正确的决断。”

这并不是在否定现场中心主义，京瓷也非常重视现场。如果能把单位时间核算这一强大的武器植入现场，一定能够让经营变得更有深度，让经营者更有自信。

- **把数字交给现场去管理**

许多公司在月度结算时，都是由财会部门或管理层对照当月计划和上月实绩来分析当月利润，并使用一些复杂的办法追查差异原因。

但财会部门或管理层的分析有一定的局限性。因为他们并不了解现场，所以经常出现许多现象无法解释的情况。而且从现场角度来讲，自己的工作成果被管理层拿去分析，再丢回一句“原因出在这里”，反而会打击他们的工作积极性。

而在单位时间核算制度下，无论是预算还是实绩，各阿米巴的所有成员都握有每一天的数据信息。这些数据都是员工自己的工作记录，都能找到相应的说明，不会出现“黑匣子”现象。而且，在阿米巴经营模式下，负责数据汇总的是现场员工。信任他们，交给他们去管理，可以让他们真正信服这些数据，并对自己的工作结果承担起更加强烈的责任。

- **现场员工知道成本**

阿米巴经营的另一个重要特色是现场员工知道产品的成本。经营上的所有数据都是阿米巴领导人亲自计算的。

实际上，在京瓷，每天工作结束之后，领导人不必等电脑算出结果，就已经掌握了当天的数据。把当天的数据加到之前的累计数上，就能算出一个大约数。根据该数据，可以知道预算大约完成了多少，到月底能够完成多少。京瓷并不采用其他公司使用的产品成本核算方式，通过单位时间核算足以掌握产品成本。

- **把数据渗透到员工意识中**

对于各项数据，如果只停留在知道的水平上，而不把它渗透到每位员工的意识当中是没有意义的。在京瓷，包括晨会在内的所有日常活动中，到处都充斥着数据。就连临时工都知道当月的预算金额和截至当天的实绩。借助数据，员工们可以进行更加具体的沟通，也可以将模棱两可的指示转化成明确的目标。不断重复单位时间核算的各项数据，有助于所有员工明确工作目标和努力方向。

- **把时间渗透到日常经营中**

单位时间核算是以一小时为单位。如果能让员工充分认识到这一点，员工就会自发产生一种“一小时”意识，主动采取各种措施寻找最合理的时间安排。比如，员工会认真考虑如何在更短的时间内完成同样的工作，避免不必要的加班影响单位时间核算等等。

当今，企业经营速度之快与过去不可同日而语。时间就是制胜的关键。如果连现场的员工都能意识到速度的重要性，那么公司整体运作必然会更有效率。反之，没有时间意识的经营是非常危险的。业务人员在茶馆喝一小时茶的功夫，市场可能已经被竞争对手抢走了。通过单位时间核算，可以把时间观念渗透到日常经营中。

第五章

阿米巴经营的具体运行

一、阿米巴经营循环

- **PDCA 循环**

本章是有关京瓷阿米巴经营模式的具体实践情况的。其基本原理就是 PDCA 循环（Plan→Do→Check→Action）。该循环除了借助的是单位时间核算表以外，其他方面和一般的 PDCA 循环没有很大区别。

- **认真实施 PDCA 循环**

但这种循环仍然很值得关注。循环的每一个步骤并非流于形式，而是有效进行的。而且，其实施目的也已深深根植到所有员工的意识中。

京瓷认为，“商业无非是周而复始地不断重复一些单纯、理所当然的事情”，基于这个道理，各阿米巴都周而复始、认认真真地实施 PDCA 循环。

本章的重点不是讲述阿米巴组织或者单位时间核算表有多么与众不同。而是京瓷同其他企业一样也在推行 PDCA 循环。但通过京瓷的 PDCA 循环，我们可以看到在其背后，在对待日常工作方面，京瓷的理念及做法与其他企业截然不同。希望通过本章的介绍可以让广大读者了解，如何才能给企业管理注入活力。我们相信，即使不引进阿米巴经营，本章里阐述的京瓷的一些想法也一定会让广大读者受益匪浅。

二、阿米巴会议

• 会议的基本宗旨不变

各阿米巴每月初召开会议。领导人在会议上参照上月计划分析上月实绩，制定当月计划。全公司、事业本部、事业部、部、科等每个阶层都要召开此类会议。阶层不同，参加人员及会议内容也不同。

会议的流程安排由上级部门负责人从最利于经营的角度出发决定。如果需要了解现场情况，可以安排科级阿米巴领导人参加事业本部会议，本部长也可以参加下级部门的会议。另外，有时也会在月中或接近月末时召开检讨生产进度的会议。

所有会议的基本宗旨相同，都是分析、反思单位时间核算的实绩，制定下月预算，探讨一些悬而未决的事情。以下是召开会议时需要留意的几点内容。

- **传递决策层的想法**

要把会议当成传递决策层想法的场所。过于强调全员参与，只知道单向汇总现场意见，很容易导致公司未来发展方向模糊不清。决策层要把自己的想法及时传达给所有员工，只有这样，才能有效利用自下而上反馈上来的各类信息。阿米巴经营虽然是一种全员参与式的经营，但其意图是通过传递决策层想法，实现自下而上和自上而下的有机结合。

精密陶瓷事业本部部长中村升常务说，“稻盛先生会安排大家围成一圈坐以便互相能看到对方的脸，然后他坐到中间，这样便于一对一地谈话。开会的时候，不仅是汇报者本人，其他所有与会人员也可以根据稻盛先生的表情学到正确解决问题的方式。

- **指导阿米巴领导人**

阿米巴经营的目的之一是培养领导人。会议上要彻底考察领导人的想法是否合乎逻辑，而不是是否合乎常识。会议不是单纯讨论个别数据的好坏，而是培养领导人经营素质的场所。

决策层通过会议确认领导人的成长，在探讨交流过程中检查领导人是否真正理解了阿米巴经营的意义。

- **领导人要提出明确目标**

会议上还要讨论如何改善部门利润。此时各阿米巴领导人要针对各自阿米巴的经营目标作出承诺，力求“有言必行”，即在大家面前公开承诺，然后实行。在会议上领导人要围绕具体的指标，阐述所要采取的具体措施。

如果领导人提出的目标不符合公司整体的发展方向，则要立即纠正。

- **畅谈梦想，进行反思**

在会议上，领导人不仅要发表数字目标，还要谈一下自己的梦想。谈梦想不是简单地说一个抽象的愿望，而是要围绕如何经营自己的阿米巴提出一个具体的理念。只有这种强烈的意识才能激发出动力，引起变革。

另外，关于结果，一定要让员工认识到结果代表了过去一个月或迄今为止自己所付出的努力。单位时间核算表上的数据反映了阿米巴经营的所有细节。因此，必须引导领导人坦然接受、积极反思，而不是找借口排斥。

• 彻底讨论直至所有人信服

由上可见，会议既是决策层传达思想的场所，同时也是决策层指导领导人的场所。如果仅仅是制定当月计划，检查一下经营结果，那只能说会议完成了一半。

稻盛先生会坚持不懈地和领导人反复沟通，直到对方逻辑清晰。不管什么问题，一定要等到领导人本人认为自己确实能够做到为止。通过此类沟通，哪怕最初面露难色的员工最后也会展露笑容、放下心来。

当然会议很花费时间。阿米巴是个独立的经营体，会议开还是不开，怎么开，完全由领导人自行决定。但是，比起因为心疼时间而草草结束会议的部门，那些哪怕花一整天也要充分讨论直到所有人信服的部门的业绩往往好很多。这样的部门看似浪费了时间，但却通过会议有了更大的收获。

三、制订年度计划

• 通过年度计划描述梦想

京瓷阿米巴经营的周期以月度为单位，而月度计划的基础是被称作“Master Plan”的年度计划。

月度计划中要说明当月的确切打算，但年度计划要求领导人阐述“在这一年里如何经营自己的阿米巴”。也可以说年度计划是一个梦想，月度计划给这个梦想涂上了颜色。在讨论年度计划时，除了单位时间核算以外，还要分析设备、人员等因素。

随着公司规模的扩大，仅凭年度计划已经很难推断该采取何种措施经营了。于是从几年前开始，京瓷又引进了中期规划。中期规划的目的在于让领导人根据技术或市场动向制定一个更长远的目标。不过中期规划的框架或思考方式和年度计划没有很大差别，所以在本章里我们把重点放在年度计划上。

- **年度计划的制订步骤**

在京瓷，并没有因为是年度计划或者中期规划，就采取一些比较精练或者特殊的分析方法。

年度计划的制订步骤如下：每年 12 月份，京瓷都要召开一个全球京瓷集团下所有部门参加的国际经营会议。在此之前，各本部长宣布事业本部发展方针。下级各部门负责人根据这个方针提交本期的估算和下一期的计划。比如销售部门按照客户制订年度计划，然后制造部门根据销售部门的年度计划和相关部门进行磋商。最后，本部长汇总所有意见，制订事业本部的年度计划。

社长会在 12 月份的国际会议上第一次听到各事业本部的计划，但这时候只听取，不批示。根据此次会议上搜集的信息，社长会在1月份发表下一年度的经营方针。接下来，本部长根据这一方针修改事业本部计划并提交给决策层。双方针对这个计划进行详细讨论，意见取得一致后，由决策层正式批准该计划。这就是年度计划大致的制订步骤。

● 数据来源于现场，同时又体现了决策层的方针

关键的一点是，年度计划和月度计划一样，所有数据均来源于现场。

年度计划是由科以上级别的领导人正式制订的。但在制订年度计划时，首先要以系或班为单位作出下一年的计划。虽然现场只负责制订月度计划，但如果把年度目标的制订完全交给社长或少数管理层，就很难让底下的员工把该目标当成自己的目标。

制订年度计划时要让所有的员工都参与进来，仔细审核。只有这样才能将决策层的想法渗透到公司各个角落，让制定数据的员工进一步认识到自己的责任。这个过程正是自上而下和自下而上的有机结合，是一种上下循环、交融运行的新格局。

● 年度计划必须完成

对于年度计划，也要考察其是否能够按期完成。年度计划的前提就是必须要完成。这看似和我们所说的描述梦想有矛盾，实则不然。不追究结果的计划，制订人本身也不会认真对待。换句话说，连“描述梦想”都算不上。

当然，计划制订得再严密，也会因为客户的要求或竞争对手发生变化而出现完不成的情况。月度实绩也可能不符合年度计划的完成进度，但只要能通过每个月的 PDCA 循环填补这一差距即可。

- **让员工学会掌握公司的整体动向**

年轻的领导人往往把精力都集中在月度计划的完成上。但如果只知道埋头眼前的工作，就很难开阔视野。

最初领导人往往只看到一个月的工作，制订出来的年度计划也都是些规规矩矩的细节计划。但在反复的锻炼过程中，他们会渐渐学会在掌握公司整体动向的基础上制订更加合理的计划。因此，应该多给领导人一些这样的锻炼机会，这样才能源源不断地培养出大量能和决策层站在同一角度看问题的优秀人才。

- **提交设备投资方案**

如果只知道专注于阿米巴的日常经营，只懂得认认真真地管理阿米巴的具体业务，就会在市场竞争中被竞争对手拉开差距。为了阿米巴的长期发展，领导人要积极把握技术或市场动向，提交设备投资方案。

该提案要写入年度计划或中期规划。同样，设备提案不是由上级部门作出采购指示，而是由阿米巴领导人根据实际情况主动申请。因此领导人必须经常检查现有的设备是否完全符合生产需求，而且，要在日常工作中和生产技术部门保持密切联系，关注最新动向，寻找最佳投资时机。

- **通过提案审议书申请投资**

但这并不意味着阿米巴领导人可以自行作出投资决定。阿米巴和企业内部创业或内部公司不同，没有自由使用部门利润进行投资的权限。

更准确地说，这是京瓷为了避免草率购置设备而特意采取的措施。公司没有拨给阿米巴任何可以自由投资的预算，如果阿米巴有投资计划，就一定要提交提案审议书。审议书里，领导人要进行模拟计算，算出投资新设备后开始盈利的时间。而且要用单位时间核算表证明该设备确实有投资价值，而且是必需的。

投资金额会变成折旧费或设备利息，从而影响阿米巴的收益，因此不必要的或者不划算的设备，领导人本身也不会想采购。所以，哪怕有性能更好的设备，只要现在的设备还能用，领导人就会想尽一切办法加以改造，继续使用。

在技术人员说话分量重的企业，核算意识薄弱的工程师们经常会出于技术方面的兴趣不停地购买各类设备。但在阿米巴经营模式下，由于领导人必须对自己作出的决断负责，所以不会盲信工程师。

● 上司就是顾问

关于设备投资，是否能保持平衡很重要。不需要的东西不买，但真正需要的东西一定要买，否则就会在竞争中惨败。

上司担任着顾问的角色，负责指导什么都想买的领导人重新审核自己的投资方案。反之，对于只盯着当月核算，目光相对短浅的领导人，上司要告诉他们其他公司的动态及技术发展动向，促使他们意识到投资的必要性。例如，“现有的设备确实盈利不错，但我们的实力是否完全发挥出来了呢？其他公司做的产品比我们的好得多，这会不会是设备差距造成的？我们还要维持现状吗？”

● 让员工切身体会到经营的魅力

领导人好比一个乡镇工厂的厂长，要从经营阿米巴这一角度出发，考虑生产、销售以及设备。同样，还要考虑人员计划。

在京瓷，即使是最基层的阿米巴领导人，也从不用“工作”这个词，而是用“经营”。因为他们切身体会到了阿米巴的命运掌握在自己手中，是自己决定着阿米巴的未来发展方向。

换句话说，年度计划和中期规划使得阿米巴领导人对经营有了切身的体会。通过自主制订计划，员工进一步意识到自己担负着全公司事业规划中重要的一环。

四、制订月度计划

- **月度计划的制订步骤**

接下来是对每个月的PDCA循环的说明。其第一步就是制订月度计划。首先，让我们看个实例。

以下是国分工厂某事业部中生产陶瓷的某科1995年11月份计划的制订过程，其中的数字做了改动。

首先，这个科下属的四个系（两个切削系、烧结系、研削系）根据各系事先准备的方案，把“上月生产计划”、“上月生产实绩”、“上月单位时间核算”、“当月生产计划”、“当月费用计划”、“当月预计结算销售额”、“当月预计总时间”、“当月预计单位时间核算”写在白板上。

其中的实绩数字是月末经营管理科反馈给各制造阿米巴的。另外，生产计划是参照销售部门每种产品的剩余订单制定的。把四个系的数字加起来，得出当月全科的预计单位时间核算是 5 870 日元。

科长据此提出当月方针：“上个月的单位时间核算是 5 950 日元，为完成年度计划，希望这个月单位时间核算能达到 6 000 日元。”并提出“大家一起来想想如何再提高 130 日元”。

分析了各项数据的明细后发现，预计加班时间增加了。科长指出：“我希望各系再好好调整一下工作安排，尽量把加班时间压缩到每人六小时，如果实在不行再跟我讲。”于是，各系修改了白板上的当月预计总时间。

用这个总时间乘上 6 000 日元的预计单位时间核算，得出必须要赚取的附加值总额。比较了一下各系提交的附加值总额，发现还必须追加 120 万日元。

为了提高这 120 万日元，要么增加生产，要么减少费用。所有在场员工开始检查订单明细和费用明细。之后，切削系主动承诺“通过提高良品率削减 20 万日元的原材料费”。烧结系也提出“尽量争取增加 100 万日元的生产，但目前只能保证 50 万，剩余的 50 万还不清楚，月中再汇报一下进度”。就这样，把 11 月份的预计单位时间核算定为 6 000 日元。

最后科长作出总结：“这个月的目标很苛刻，希望烧结系加把劲。大家齐心合力争取完成!”预算最终获得了所有人的认可，制订完毕。

- **年度计划是制订月度计划的基础**

各阿米巴就是通过以上步骤在每月第一个工作日前确定各自的单位时间核算计划。比如制造部门，首先要反思上个月的生产实绩，然后参照销售部门的订单剩余情况制订当月计划。

关于费用，包括从其他部门转过来的公共费用在内，都要一项一项的仔细核查，如果发现品质管理或生产技术部门的费用大幅度提高，导致自己部门分摊的费用增加了，可以要求相关部门给予解释直到自己认可。

同样也要核查时间，包括接受其他部门支援的时间。

这时候最重要的是要对比一下年度计划，确认到上个月为止的累积业绩加上当月的预期，是否符合年度计划的完成进度。

为完成年度计划，必须按照进度完成每个月的计划。国分工厂半导体零部件第二事业部 PGA 第一制造科负责人肝付弘幸先生以及其部下某系负责人中村健次先生虽然在工厂负责生产，但如果当月订单量低于年度计划平均值，也会亲自去和总部或客户沟通。

• 数据是自下而上汇总起来的

月度计划通常是自下而上制订出来的。虽然上级部门也会作出指示，但最原始的数据仍是最基层的阿米巴根据自己的判断制订的。比如，减弱燃烧炉的火力还是空烧，都是由现场负责烧炉的员工根据当月订单计划和成本决定的。计划等同于承诺，不负责任的计划无异于自己打自己的嘴巴，所以大家一般都会严肃对待这个问题。

计划也要按照核算表的格式填写，然后从系、部、事业部、事业本部一级级汇总上去。数字不是社长提出来的，而是一级级叠加起来的，因此所有数字都有据可依。如果需要还可以一级级拆开，这样决策层人员也能清晰地看到现场的经营细节，进一步了解数据背后体现的行动措施。无论是站在现场角度或决策层角度，阿米巴经营都实现了“高度透明的经营”。

• 每月调整月度计划

所有阿米巴对包括费用在内的各项内容进行逐一审核后，自下而上汇总起来形成全公司的下月计划。虽然年度计划不需要每个月都进行调整，但光是月度计划的制订就很繁琐。因此在大多数企业，月度目标都是直接沿用半年或者年度计划中规定的数值。

其实，每个月重新调整下月计划非常重要。通过这种调整，可以获得最新的信息，提高目标值的精确度，也便于决策层和现场的阿米巴领导人准确把握未来趋势，及时采取相应措施，防止出现不可挽回的局面。总而言之，这种调整可以将书面上的计划变成活的管理工具。

反之，如果只制订年度计划，虽然省事但却极有可能脱离实际，流于形式，对经营判断没有任何帮助。而且，对于非常在乎单位时间核算数值、日复一日锲而不舍地努力提高核算的阿米巴领导人来说，按照年度计划或半年计划中制定的目标来经营反而更困难。

实际上，月度计划调整带来的负荷并不大。因为每天的业绩报表和月度计划的格式是完全一样的，调整下月计划之前，阿米巴领导人已经对每一项内容了解得一清二楚了。

● 树立远大目标

但这并不意味着最初制订年度计划时可以不切实际。领导人在制订计划时，考虑得多深入，设定的是一个什么样的目标才是最重要的。

在京瓷，目标虽然有可能达不到，但它首先必须是领导人发自内心，追求一切可能而制定的一个高目标。调整月度计划时，最大的焦点就是针对上个月的业绩，这个月打算如何改善。换言之，重视的不是目标的绝对值，而是领导人打算在原有基础上进一步提高多少，或是在经营环境恶化的情况下，能把损失降低到多少。

• 用发展的眼光看待能力

当然，如果总是设定一些遥不可及、不切实际的目标，久而久之部下就会疲惫不堪、丧失信心。反之，如果目标偏低，轻而易举就能达成，也不利于企业发展。尽管如何设置一个合理的目标是个很复杂的问题，但高目标的设定可以促使员工迸发出更大的能量。

有关这一点，稻盛先生主张“用发展的眼光看待自己的能力”。他说：“根据目前的能力判断自己能否做到，这谁都会。但这样我们永远也不会取得进步。只有不断挑战更高难度的工作才能取得划时代的成果。”

• 制订计划比追究结果更重要

谈起阿米巴经营，读者印象里可能会觉得阿米巴经营只知道追究单位时间核算的结果。其实这是错误的，比起追究结果，阿米巴经营更重视计划的制订。

中村升常务解释说：“开会时，我们大部分的时间都用在计划审核上。大家一起通过反复的推敲制订切实可行的计划，采取可靠的措施。如果计划本身不切实际，毫无根据，结果肯定也好不到哪儿去。因此，要倾注全副的精力制订计划，争取把自己所有的想法都编进计划里。至于实绩，基本上就是员工说‘很抱歉’，而上级回答‘嗯，这也是没办法的事’，并没有特别拘泥于对结果的追究。”

五、执行计划

• 重视现场

下面让我们看一下计划的具体执行。计划执行阶段有个特点，也是日本制造业共通的特点，即重视现场。管理人员会亲自到现场察看，进行彻底确认。

国分工厂永田龙二副厂长本着“巡视 100 次”的宗旨，每天都会选择一个车间走走。笔者曾在某月底结算当天跟随他一起去了现场。永田副厂长从早晨6点开始，足足走了两个半小时，转遍了工厂内三层楼，向遇到的所有员工，不论正式职工还是临时工，都打招呼说“大家辛苦了”、“还剩×× 万日元，能完成吗”。

• 亲自确认

永田副厂长说：“光靠电话沟通不行。必须要面对面感受真实的气氛。面临困境的时候，负责人本人往往很难主动开口。这就需要我们及时掌握情况，协助他解决问题。另外，同样是汇报‘这个月绝对没问题，肯定能完成目标’，从一个要强的员工嘴里说出来和从一个缺乏自信心的员工嘴里说出来，意思大不相同。”

笔者参观半导体零部件的检品、出货工序时，曾见到一位负责人走到操作人员身边，亲自确认工作进展。这种确认工作是由部、科、系各级负责人分别进行的，因此最终形成了一种多重确认体制。有时候，事业部长也会亲自到现场察看。当然，各级别部门负责人都会收到下属的相关汇报，但大家还是养成了一种不确定的事情一定要亲自确认的习惯。

笔者还注意到有些负责人会亲自用推车把物品和批次卡送到出货车间。他们巡视现场的同时，也会联系办公室的销售部门，环视现场是否发生问题，或去出货车间查看电脑里的相关数据。负责人正是通过以上措施，搜集瞬息万变的各项信息，及时作出指示的。

- **在晨会上不断重复各项数据**

现场中心主义本身并不稀奇。但京瓷的独特之处在于单位时间核算的衡量标准已经完全渗透到了日常工作中。

其教育场合有三个，晨会、午会和总结会。制造部门的晨会是以科、系、班为单位依次召开，所有成员都要参加。午会和总结会根据实际需要召开。

各阿米巴领导人对照计划，宣读截至前一天的总生产达成率、单位时间核算、良品率等实绩。同时指出当前的问题及当天的工作任务。有时候还会激励大家："我们决不能输给××科。"

所有成员都会边听边记录。半导体零部件第二事业部的一位阿米巴领导人告诉我们："其实这些数据都在车间前方贴着，但这远远不够，只有通过做笔记，才能把这些数据当成自己的数据。"午会后，笔者借一位年轻女员工的笔记看了一下，上面写满了每天的总计、截至目前的累计、订单量及良品率等数字。

总之，虽然每次会议内容相同，但仍要以科、系、班为单位反复强调。这看似浪费时间，实则很重要。如果作业人员不知道"这就是当月目标，为达成目标一定要这样去做"，就不可能生产出真正好的产品，也无法提高单位时间核算。

另外，临时工由于上班时间相对晚，晨会会比正式职工稍微晚一点举行，但内容都是一样的。临时工也要知道订单数量以及其他有关核算的所有数据，也要有核算意识。

● 通过核算把握现状

通过上文中提到的晨会等会议上的反复传达，全体员工会对核算变得非常敏感，而且会对手头的工作所创造的利润产生浓厚的兴趣。久而久之就会养成从现金角度考虑“出了×× 日元的货”的思维方式，而不是“出了×× 个”。

在京瓷，员工之间打招呼时，除了常见的“生产顺利吗”，“顺利”之外，还会使用具体的数字，“现在已经完成了×× 了”。永田副厂长在巡视现场时，抓住一个负责人问道：“还差 4000 万吧？”结果该负责人马上说出了最新的数字：“不是，还差 3800 万了。”永田副厂长又对另外一位员工说：“我刚才转了一下，×× 君的部门恐怕完成不了计划了，差的那一部分就靠你们了，加油啊。”

数据的使用使得简短的对话变得更加具体。各级领导人和员工通过数据可以易如反掌地把握经营现状，并在此基础上，在短时间内进行更加具体的沟通，及时采取相应措施。

单位时间核算数字彻底渗透到员工的意识中，亲自确认生产和物品的动向，这两者的相乘效果使得领导人能够及时作出指示，并保证阿米巴成员根据指示迅速采取相应的行动。在阿米巴经营模式下，每一个环节的作业都和阿米巴的核算紧紧地联系在一起。

- **阿米巴之间的沟通**

目标一旦制定，就必须全力以赴争取达成。“材料没到”

不是理由，相邻的制造工序之间要每小时联系一次。另外，为了不给客户添麻烦，制造部门和销售部门之间也要进行频繁沟通。

阿米巴数目众多，如果把阿米巴之间的协调扔给决策层或上级管理部门，那阿米巴经营是无法推行下去的。虽然有些问题可能需要上级的介入，但通常情况下领导人要主动、及时地采取相关措施，而不是等待上级的指示。

- **人员的相互借用**

阿米巴之间的沟通还表现在人员的相互借用上，这也由阿米巴领导人自主决定。

人员借用最常见的原因是工作量突增，靠现有的人手已经无法完成工作，需要接受其他阿米巴的支援。另外也有委派具有特殊优秀技术的员工支援其他阿米巴的情况。这对借入方阿米巴来讲当然是件好事，而对借出方阿米巴来讲，委派出去的员工的劳动时间可以转到借入方阿米巴，从而有助于提高本部门的单位时间核算。

另外，如果由于某些原因导致无论如何都无法达成所属科的目标时，阿米巴领导人会考虑至少不能拖事业部的后腿，从而把自己科多余的人员派到其他科，帮助其他科盈利。这也是积极利用该制度的表现。

或许有人会担心，在阿米巴经营模式下，对核算的严格考核会引发各阿米巴的利己行为，实则不然。相反，各阿米巴甚至会考虑到上级部门的核算情况，毫不犹豫地采取对公司整体有利的办法。

- **充分利用企业内部关系网**

阿米巴就好比一个乡镇工厂，为了确保盈利，要尽可能地在公司内部扩大自己的关系网，争取同对自己最有利的部门合作。从其他事业部下属的阿米巴采购材料绝不是什么新鲜事。

而且，这种关系网不仅有利于在日常工作中建立合作关系，而且也有利于促进员工之间的智慧共享，促进组织学习。如果某个阿米巴采取了一项措施，结果证明很有效，其他阿米巴通过会议或商谈得知后会纷纷效仿，最终会给企业整体带来很大的好处。

在这个注重速度和创新的竞争时代，各部门能够突破传统的阶层组织框架，主动适应瞬息万变的环境，是在竞争中生存下来的前提条件。这就需要阿米巴领导人学会分辨该借助哪一方的力量。

六、反馈结果

● 每天进行数字反馈

每天的生产、费用、时间等主要项目实绩会在第二天以日报的形式分发给各部门。据此可以知道每天的总计以及截至当天的当月累计。阿米巴领导人也可以根据这些数据计算出每天的单位时间核算。

坚持日日反馈，可以及时了解现场发生的问题，及时采取措施。如果攒到月底一口气公布整个月的数据，就错过了改善时机。信息要新才有价值。

● 结账一小时后立即公布结果

月底最后一个工作日的中午结账。因为各阿米巴领导人已经有了截至前一天的累计，所以根据手头资料把最后一天的数据加上去就可以立即算出当月的大致核算表。实际上，在每天的工作中，各项指标已经管理得非常详细，因此大致算出来的核算表基本上和最终的核算表没有差异。结完账一小时后的午会上，阿米巴领导人使用概算表向其他成员宣读当月的工作成果。

再过一小时，半导体零部件第二事业部部长会主持召开反思会。各生产线、技术、管理、设计、检测、品质等所有科的负责人，以及下属各系负责人出席此次反思会。

首先，事业部长进行总结。之后各科汇报当月总生产、费用、时间、特别事项以及当月未完成的部分。之后发表下月目标及预测。根据需要，事业部长或其他相关部门的人员和部分阿米巴领导人以问答的方式进一步讨论，使会议内容更为充实。

- **趁热打铁进行反思**

无论是午会还是事业部反思会，关键是要做到实绩一出来就立刻讨论，并采取相应措施。人在工作当中往往会有很多想法，但时间一长就很容易忘记。京瓷一位员工在谈到这一点时曾说："如果不趁着余温未退进行反思，就无法养成及时解决问题的习惯。"

因此，在京瓷，实绩的总结速度是很惊人的。这在其他公司，通常最快也得 10 天左右，更甚者可能需要 3 ~ 4 周。在这样的公司，当月月中员工才能知道上月的工作成果。此时，上月的记忆已经很模糊，即使开了反思会，是否能达到反思的效果也很值得怀疑。最终可能导致员工只关注数字好坏，而不是经营内容，然后把犯人揪出来批斗一顿了事。

• 把公司的经营现状传达给所有的员工

结果要反馈给所有员工，这一点至关重要。在京瓷，了解公司现状的不是少数管理干部，而是包括临时工在内的全体员工。

在现场进行生产，在外边东奔西走忙业务的都是基层员工。没有他们的辛勤劳动，就没有公司的繁荣。公司经营不善的时候，甚至还要委屈他们接受一些不合理的要求。为了取得他们的理解和支持，必须从平时开始毫无保留地告诉他们公司发展现状，取得他们的信任。

• 公布全公司的经营业绩

每月第一个工作日，京瓷会召集所有员工在本馆前召开晨会。笔者曾参加了一次这样的晨会。会上，国分工厂的永田副厂长汇报了该工厂所有科的经营结果，并指出："××科连续n个月达成目标"，"××科订单减了，今后一定要严格控制费用和时间。"

随后，京瓷另外一个工厂也汇报了自己工厂的经营结果。还特意提到业绩优秀的北见工厂，"让我们学习北见工厂，努力工作吧"。

公布其他部门的业绩或活动以及其他工厂的状态，可以让所有员工进一步了解公司整体的经营状况。同时，也有提高内部竞争意识的目的，并且有助于引导员工不满足于现状，激励他们向更高水平发起挑战。

七、评估结果

● 严格审查

经营成果并不是反馈回去之后就一了百了了，而是要在会议上对照预算或年度计划进行彻底的讨论。

在阿米巴经营模式下，把经营权下放给领导人，让其开展自由经营的同时，也要让领导人对结果承担全部的责任。由于结果清晰透明，所以靠辩解是无法蒙混过关的。从这一点上说，阿米巴经营是一套非常严格的管理模式。

● 数据体现结果

领导人必须坦率地接受核算表结果反映了自己当月的经营状况这一事实。所有结果都反映在数据上。

要想提高单位时间核算，必须努力改善生产、费用和时间等所有项目。通过查看核算表上的各项明细，可以看出很多问题。假设，某部门总生产和材料费的比例关系每月波动很大。在京瓷，物品一旦购入，所有费用都算在当月费用里，所以如果出现较大波动就说明领导人可能一次性购买了两三个月的材料。会议上上级部门会提醒领导人“这种采购方式不合理”。

另外，如果阿米巴领导人开展只与己有利的经营，可能不会影响自己部门的业绩，但势必会影响到全公司的核算。例如，如果不能在规定时间内完成半成品的交付，就会增加下一道工序的等待时间，导致该工序单位时间核算下降。总之，通过核算表可以对领导人的经营了如指掌。

- **不掩饰业绩不好的事实**

负责人重点培养的部门如果业绩下滑，该负责人可能会经受不住诱惑，产生隐瞒业绩下滑的想法。是否应该公布业绩下滑的事实，确实很难选择。有的企业不会追究战略性产品的亏损，或者会把利润低的产品和利润高的产品放在一起进行捆绑式管理。

但京瓷大多数管理人员普遍认为，在进行阿米巴核算时不应该掩饰业绩不好的事实。公布亏损情况并让阿米巴领导人认识到“该部门现在出现亏损，在很大程度上拖了全公司的后腿”这点至关重要。看到赤字，没有人会无动于衷，都会变得全力以赴。

中村升常务告诉笔者：“和盈利好的产品捆在一起，虽然可以遮人耳目，但这种想法本身非常不利于个人的成长。把不好的方面暴露出来，可以促使当事人产生一种背水一战的气概，出资方也会因此爽快地提供资金，这种精神状态很重要。”

- **考察经营内容**

我们并不是提倡只看结果。光凭数据来判断，这对面对不同客户、使用不同设备的阿米巴是不公平的。

真正应该审查的是经营内容本身。也就是说，经营质量好不好才是最重要的。比起单位时间核算一直维持在 7 000 日元左右的阿米巴领导人，把核算由 3 000 日元提高到 3 500 日元、4 000 日元的阿米巴领导人会因为自己的努力而获得更高的评价。

- **使用结果进行验证**

当然这并不意味着不重视结果。能否合理有效地活用各项结果数据也很重要。

关于这一点，有一种说法叫做“不是检查结果，而是通过结果来进行检验”。也就是说有根据地制订计划，通过详细的模拟计算，得出一个假设，最后用结果来进行验证。

这也能体现出领导人是否值得信赖。通过验证，可以了解各阿米巴领导人提交的预算完成了多少，今后几个月的预算是否可信，出现偏差时领导人会有哪些习惯性的反应等等。

• 允许失败

稻盛先生认为京瓷成功的理由之一是“不会因为失败而指责员工。”而且，“在我们公司，如果员工为了公司利益勇敢迎接挑战，即使失败了，甚至给公司造成巨大损失，我们也不会进行任何惩罚……允许员工失败，他们才能不断地迎接新的挑战，产生再向前跨越一步的勇气”。

• 没有金钱报酬的游戏

在京瓷，对于完成年度计划的阿米巴，只会通过授予奖状和赠送啤酒券或公司圆珠笔来进行奖励。单位时间核算的结果不和奖金等金钱报酬挂钩。

因为所属哪个部门具有偶然性，如果区别对待部门好的员工和部门不好的员工，那对他们来讲太不公平了。不管员工所属的部门是好是坏，都要一视同仁。

京瓷虽然没有这种金钱奖励，但员工的工作热情依旧很高。因为，他们把阿米巴经营当成一种经营游戏来享受其中的乐趣。只要有激情，谁都可以成为“一国一城之主”，都有按照自己的想法经营一个阿米巴的机会。在此过程中如果作出成绩，就会获得精神上的满足。

• 奖励方式是委以重任

持续取得良好业绩，并具有一定领导才能的领导人，会不断地得到重用。反之，如果业绩不好，也有被替换掉的可能，但只要不自暴自弃，继续努力，就还有重振旗鼓的机会。在阿米巴经营模式下，回报领导人的方式就是给予其更广阔的舞台。

之所以可以自由更换领导人，其原因之一就是，刚才上文中提到的结果没有和金钱报酬挂钩。京瓷废除了职务补贴，而把工资和资格挂钩。因此，系长即使晋升为科长，工资仍然不变。同样，工资也不会因为降级而减少。这样一来，上级领导可以不必顾虑属下的生计，做到因才施用，自由变换阿米巴。

八、阿米巴经营模式下的销售部门

● PDCA 循环和制造部门相同

本章在阐述阿米巴经营模式下的 PDCA 循环时，主要引用了制造部门阿米巴的例子。这种循环，包括年度计划在内，并不限于制造部门，其他职能部门的阿米巴同样要实施该循环。

接下来，让我们看一下营业、研发、管理等其他部门，是如何开展阿米巴经营的。

● 联结客户和制造部门的纽带

销售部门的职能就是在客户和制造部门之间架起一座桥梁，并赶在其他公司之前抢先把握客户需求，推动制造。

京瓷成立之初，活跃在营业第一线的 KYOCERA ELCO

Corporation 董事兼营业部长佐佐木武夫先生说："我们一定要让客户看到我们公司的整体实力，这就要靠营业人员。"这时候就需要销售部门建立与客户以及制造部门之间的互相信任。

- **赢得客户的尊敬**

和客户的信赖关系其实就是客户拥护自己的程度。很早以前就听稻盛先生说过，"我们应该做客户的仆人"，"做生意的前提就是获取对方的信任，不过最终目的是要得到对方的尊敬"。最理想的状态莫过于客户主动上门提交各种产品方案。

销售部门的核算虽然也要接受严格的审查，但如果只知道盯着公司内部，忽视了和客户之间的互动，就很容易失去客户。满足客户需求才是最首要的。上司必须加以指导，防止部下违背了这一原则。

- **说服制造部门**

根据单位时间核算的计算方式，销售部门拿到的订单价格会直接转到制造部门。因此，不赚钱的订单，制造部门也不欢迎。

可是，如果该产品有很大的市场潜力，或者将来有可能推销给更多的客户，销售部门就必须要努力说服制造部门。销售部门的说服力是有关客户或市场的各类信息。佐佐木董事指出："能否说服别人，关键就看你能否确定'现在看，单价确实不合算，但从长远角度看，将来量肯定会增加，所以现在先接着订单，做好这几个月亏损的准备吧。'"

为此，需要在日常工作中努力获得制造部门的信任。作为营业人员，如果一味接受客户的降价要求，制造部门就有可能从一开始就把报价提高。如此一来，就很难和客户交涉。而如果营业人员总能按照制造部门希望的价格拿到订单，制造部门就会据实报价，这样就会轻而易举地在竞争中占据有利地位。

● 销售部门首先要提高收入

那么销售部门的阿米巴该如何经营呢？和制造部门一样，销售部门也要制订年度计划和月度计划，按照产品种类、客户仔细推敲。即使还没签订正式的合同，也要根据自己的预测或意愿制定一个比较高的目标。同时还要和制造部门协商。

考察销售部门各项指标时，理所当然地要特别注意销售额。单位时间核算的数字必须和收入增长保持一致。另外，还要通过核算表或其他资料对订单这一先行指标进行跟踪，据此可以判断出该产品还能占据市场几个月。

● 销售部门还要掌握费用明细

另外还要严格审查费用明细，在会议上也要讨论各项费用明细。如果招待费远远高于其他费用项目，虽然上级部门领导人不会单方面提出压缩要求，但自己一定要能够讲清楚这些招待费在何时为提高销售额作出了贡献。

佐佐木董事称："很多企业的销售部门都制订订单计划或销售额计划，但很少会制订费用计划。"在单位时间核算体系下，如果不掌握事务所电费、水费、每月的复印张数、车检时间等明细，就没法制订一个合格的计划。

他告诉笔者："东北营业所刚成立的时候，觉得买复印机不划算，只好去文具商店一张张复印。后来想到一个办法，让客户一式发两份。事务所选址的时候，考虑到空间太大，容易造成浪费，太小，以后搬家还得花搬家费。总之，所有的事情都要自己决定。"

有许多营业人员只顾确保粗利，扣除营业费或管理费后即使变成赤字，还以"拿到订单"而沾沾自喜。但在京瓷，费用也要纳入审查，因此营业活动都是盈利的。另外，通过把所有问题的决定权交给营业人员，可以让他们体会到自己的工作已由单纯的销售提高到了经营，工作热情就会倍增。

• 单独考察每一位营业人员

和制造相比，销售部门每位员工都有自己独特的行为方式或风格。而且，客户不同工作方式也不同。对待喜欢京瓷的客户、不喜欢京瓷的客户、新客户，要采取不同的接触方式。这也会影响到单位时间核算。

考虑到这一点，单凭单位时间核算的绝对值对营业人员进行考核是非常不公平的。为了让他们在各自岗位上积极大胆地开展工作，在分析销售部门的经营内容时，要比制造部门还要深入。而且，对于不能立刻带来经济效益的交涉能力、开拓能力的评估办法也会影响到员工的行动。

销售部门每个阿米巴的人数比制造部门还少，通常都少于十人，很多都只有两三个人。这也是为了能够更清晰地掌握经营内容。

- **重视团队合作**

营业活动在很大程度上依靠个人力量。但单位时间核算是以阿米巴为单位计算的，所以成果中看不到每个人的业绩。这是因为即使是销售部门，也要重视团队合作。

或许有人会认为，这种做法会打击优秀员工的积极性。但这样做可以把个人成果和团队成果综合起来进行考核。同时也体现了京瓷一贯的方针，即比起依靠单个人的力量，加强团队合作，大家齐心协力相互扶持共同努力才是在竞争中获胜的关键。

即使是在实际的营业活动中，也不可能是单枪匹马作战。

有时需要向同事讨教交涉技巧，有时需要同一地区负责不同产品的同事提供一些新客户的信息等等。除此之外，正因为有同事留在办公室帮忙接听电话、填写票据，自己才能更有效地投入工作。再进一步说，营业人员能把产品成功推销出去是因为开发部门开发了好的产品，且制造部门以低成本完成了生产并保证了交货期。

单个营业人员不能独占所有功劳。上级部门领导人要通过反复强调，让员工意识到阿米巴只不过是整体中的一个组成部分。

- **如何增加人员**

最后让我们看一下如何增加人员。同制造部门的设备投资相同，正确判断合理的员工数，对销售部门阿米巴领导人来说至关重要。

如果认为现有人员不够，可以提出申请。同时，一定要根据年度计划里的预计销售额、时间、费用、单位时间核算等资料出示增加人员的根据。增员后是否能够维持生计是能否获得批准的关键。

九、阿米巴经营模式下的研发部门

- **研究本部的研究和事业本部的开发**

京瓷自成立初期开始，其技术一直好评如潮。其他公司做不了的订单，京瓷不但能做，而且能以极具竞争力的价格做，这也被看作是京瓷不断发展壮大的原因。在阿米巴经营模式下，至今仍然保留着重视技术和培养员工的核算意识这两大传统。

现在京瓷的研发由研究本部和各事业本部内的开发团队同时担任。研究本部主要负责基础研究，事业本部主要负责和产品有直接关系的应用研究。为了避免混乱，我们把前者称之为研究，把后者称之为开发。

由于研究部门没有实施单位时间核算考核，因此接下来主要探讨一下开发部门的阿米巴经营。

- **开发部门也要考核单位时间核算**

开发部门主要负责解决各事业部当前面临的问题，以及考虑如何把技术转化为产品，实现技术商业化。在京瓷，即使是开发部门也要具有时间和费用意识，负责开发的阿米巴也要执行单位时间核算。

实际上，开发部门充其量只是靠把试制品卖给其他阿米巴或从其他阿米巴收取点内部技术使用费来维持运作，因此每月赤字都居高不下。即便如此，开发部门也和制造部门被同等对待，在核算方面不享受任何特殊待遇。

● 重要的是何时能转化成经济效益

开发部门并不会因为单位时间核算数字的好坏而受到指责。对开发部门来讲，重要的是课题何时能完成，何时可以转化成经济效益。

开发部门也要参加会议，并在其他制造阿米巴的面前汇报进度，特别是要围绕开发时间，比较计划和实际的差别，汇报各课题的进展情况。每个月的核算虽然不重要，但反之，如果研究课题迟迟没有进展，必然会被追问“你们打算花钱花到什么时候？”

比如，社长查看事业本部核算数据时可能会说：“你们部门业绩没什么提高，研发的经费倒是花了不少。”其言外之意，不是要缩减经费，而是要加快研发速度。

● 培养费用意识的意义

在天天拼命试图降低成本的制造部门阿米巴领导人面前展示自己的亏损核算表，没有哪个开发人员能够无动于衷。这在客观上也提醒了开发人员，是制造部门支撑着自己的研究，这对激励开发人员尽早把技术转化成经济效益有很大帮助。

而且，大多数情况下，开发人员要负责产品的最终商业化，因此不可能毫无目的地胡乱开发，而必然会进行能给企业带来利润的开发。

在第六章里，我们会谈到开发工作最终转化成新事业后，是如何促进阿米巴成长和分裂的，以及新项目是如何启动、如何开展的。

十、阿米巴经营模式下的管理部门

● 管理部门是非营利阿米巴

最后说明一下管理部门的阿米巴经营。当今，管理部门臃肿，白领阶层工作效率低下已经成为一种普遍现象。接下来，笔者将分析一下阿米巴经营模式下，总部或工厂的经营管理、财会、人事等管理部门的管理模式和活性化政策。

首先，管理部门是非营利阿米巴，没有收益，只消耗费用和时间。但每个月也要对费用计划和实绩进行比较，严格考察是否存在浪费现象。

其次，根据提案审议制度规定，采购办公用品前必须提交申请，哪怕是一张办公桌或者一本书。京瓷成立初期，甚至规定“使用公司电话打私人电话时的电话费由员工个人承担”，“工作所需的算盘或制图工具也由员工个人掏腰包购买”。

• 具有公司养着自己的意识

京瓷正是通过这种方式彻底削减费用。大多数公司并不审查间接部门的费用，或者顶多设定一个上限，每半年或一年审查一次，确认是否超支。和这些公司的管理部门相比，京瓷员工的核算意识截然不同。

在京瓷，不从事实际生产操作的员工会自发产生一种“公司养着自己”的意识，会像现场员工一样，绞尽脑汁设法降低每一日元的成本。而且，由于间接部门花费的时间和费用都分摊给了各营利阿米巴，因此是名副其实的被公司养着。

KCCS 的森田直行社长谈起以前自己还在管理部门就职时的经历时说：“曾经有一个营利阿米巴的员工对我说，‘你们都是靠我养着的’，当时我很生气，不过后来明白了，再遇到这种情况，我会回答他们，‘谢谢你们。因为有你们，才有我们的今天’。”“不过对业绩不好的部门我是这么回答的，‘我也没靠你们养啊，再加把劲！’”森田先生笑笑说。

• 受营利部门牵制

管理部门的费用和时间原则上根据受益程度分摊给各营利

阿米巴。前面已经反复强调过营利阿米巴的核算管得很严。因此，如果分摊过来的费用或时间出现大幅度提高，各营利阿米巴必然会要求相关部门作出解释。而且，如果享受到的服务和支出的金额不成比例，也会向相关部门提出抗议。在这种体系下，比起靠预算额度管理间接部门费用和服务的企业，可以更好地牵制管理部门。

而且，如果因为自己的费用过高，而影响到其他阿米巴的核算，管理部门也会很内疚，会主动检查是否自己的工作方法有问题，是否存在浪费现象。

• 尽可能定为营利部门

提高管理部门的核算意识最好的办法是，把它从非营利阿米巴转成营利阿米巴。当然，并不是所有的管理部门都可以转成营利阿米巴，但像出货这样的部门，最好转成营利阿米巴。

京瓷把以前隶属经营管理部门的物流管理分离出来，成立了物流事业部。对此，滋贺工厂物流科负责人水谷敏之先生告诉笔者："分出来后和以前完全不一样了。最初业绩惨不忍睹，后来慢慢地有了很大的改善。"而且，"现在大家不再害怕创新，变得能主动创新，迎接挑战了。而在此之前，大家迟迟不愿意接受新事物，都得强制着才肯去做。现在变成了负责人开始依据核算表主动采取行动了。"

转成营利部门后，改善提案能够清晰地反映到数据上。在滋贺物流中心，比起作为非营利部门的那段时间，提案件数有了明显增加，费用、时间也降低了许多。例如，根据一个进公司才几年的年轻员工的提案，改善了打包用的纸箱子形状，大大压缩了运费、纸箱子费和缓冲材料费。另外，员工们甚至还想出了一个具有划时代意义的主意，即通过撤掉自动仓库里的传送带控制系统传感器，提高作业效率。就这样，物流部门变成了营利部门，建立了营利体制。

第六章

阿米巴的
分裂、合并、成长

一、阿米巴的分裂和合并

- **按照领导人的意愿进行划分**

读者常常会有一种错觉，认为阿米巴经营就是企业组织自然而然地分裂成许多独立运作的小集体。以每个小集体为单位进行独立经营这一点没错，但这些小集体并不是自己分裂开的，而是根据领导人的经营思路人为划分的。如果领导人有意发展某种产品或工艺，就把该产品或工艺划分出来进行独立核算。

即使是同一个阿米巴，其划分方法也因人而异。有的领导人可能想按照工序分成三个阿米巴，有的领导人可能想按照产品分成两个，也有的领导人可能不分。从划分方法可以看出领导人的经营眼光。

● 划分的目的是为了能看得更清晰

一般情况下，如果在现有的组织结构下很难看清经营状况，就要进一步细分阿米巴。

京瓷的中村升常务曾是川内工厂纺织机械零件制造部门的负责人。该部门产品成形有四种方法：注塑、挤压、切削和冲压。刚开始是把这四种方法合在一起作为成形阿米巴进行统一管理。但在这种方式下，很难辨别哪种方法利润高，哪种方法利润低，于是中村升常务决定把它细分成四个阿米巴。

“结果，差距一下子出来了。最赚钱的是冲压，其次是挤压，然后是切削、注塑。本来大家都以为技术最新的注塑最赚钱，没想到拆开来一看结果完全不一样。”

● 采取更加具体的改善措施

细分化后，核算变得清晰透明。中村升常务告诉笔者：“当时大家都觉得应该尽量采用注塑法，但我决定能用冲压的尽量用冲压。”

同时他还发现注塑不赚钱的原因主要在于模具、树脂材料和作业的繁琐。把这些问题一一解决后，总算把注塑阿米巴的核算提高到了一个正常水平。

也就是说，把一个阿米巴细分成四个，可以促使领导人明确经营思路，从而采取更加具体的改善措施。

● 寻找能最大限度激发组织活力的划分方式

另外，即使能够看清经营状况，领导人出于其他考虑也可以进一步细分阿米巴，激发组织活力。

中村升常务告诉笔者："假设出新产品了。把新产品和原有的产品放在一起做，大家自然而然会把注意力集中到新产品上。在原有产品生产过程中好不容易积累起来的经验一下子就扔了。这样下去肯定不行，一定要把新产品和原有产品分开，用两条腿走路。"

京瓷创业时生产的产品，有些部门现在还在继续生产，而且依旧保持着高销售额、高利润的状态。"如果总没有机会接触新东西，一般人通常会觉得自己的存在价值不大，其实不然。……我们的员工会觉得很自豪：虽然单价下跌了，但通过不断的改善，依旧可以保持很好的业绩，我们经营得很出色。这就是员工的存在价值，是一种自信、一种骄傲，也是我们阿米巴经营的真实写照。"

● 充当母体阿米巴

不过，细分阿米巴在原来的阿米巴看来，就如同自己辛辛苦苦培养出来的孩子被别人夺走了一样。

迄今为止，从精密陶瓷事业部分裂出来的阿米巴最终成就了医疗用材料、切削工具、珠宝首饰等众多新事业。稻盛先生曾就此评价说：“你们部门就像是一个不断孕育新生命的母亲。”

此番话肯定了该部门的存在价值，同时也缓和了员工觉得自己培养起来的事业被夺走了的情绪。

• 根据领导人的能力进行划分

划分阿米巴的另一个原因是领导人的经营能力问题。

如果阿米巴业绩得不到改善，或者和客户的沟通出现困难，很有可能是因为领导人的经营出了问题。

在不得不替换阿米巴领导人的情况下，如果没有合适的接替人选，就要将该阿米巴分割为数个，交给多位领导人分别经营。即使不替换领导人，如果领导人负担过重，也可以削减一部分工作给其他人。

• 合并没有发展前途的部门

阿米巴并不只分裂。对于没有发展前途的部门，要努力压缩分散管理的成本，提高核算。因此，如果没有分开考核的必要或者放在一起考核比较合理时，就要对阿米巴进行合并。

当今半导体封装的主流已经从用玻璃封接的陶瓷双列直插

式转变为可贴装电路的多层陶瓷式。为了顺应这一发展潮流，京瓷把分散在两个工厂的双列直插式生产部门集中到了一处。

没有发展前途的部门并不是完全没有用的部门。即使事业本身没有发展前途，出于其他需要也要通过合并消除浪费。

• 合并后由出色的领导人统一管理

上文中已经提到过，领导人能力欠缺时要进一步细分阿米巴。同样的道理，也可以根据领导人的能力对阿米巴进行合并。

如果某阿米巴业绩不振，可以将该阿米巴合并到领导人出色的其他阿米巴中。此后如果该阿米巴的经营有了起色，可以再次划分出去。

• 分裂和合并的关系

分裂和合并，看似矛盾，但合并可以促进分裂。

就如同政府机关，如果总是优柔寡断不能根据需要对相关部门进行撤销或合并，就会导致组织越来越臃肿。这在阿米巴经营模式下是绝对不允许的。如果合并有难度，那么分裂的时候也一定要慎重。反之，如果可以顺利合并，也就可以果断地分裂。在恰当的时机进行合并体现了阿米巴经营的灵活性。

二、临机应变的组织结构

● 及时调整不合理的组织结构

不管出于什么理由，只要觉得目前的组织结构不合理，就要马上进行分裂、合并或更换领导人。

KCCS 的森田社长解释说："假设 8 月份的时候，某领导人发现业绩不太好，想从下半年的 10 月份（日本企业的会计年度从当年的 4 月 1 日至下一年的 3 月 31 日，因此 9 月 30 日之后属于下半年。——编者注）开始调整组织结构。如果这么跟稻盛社长汇报：'我想调整一下组织结构，争取 10 月份开始执行新体制。'肯定会遭到社长的严厉训斥：'既然现在业绩不好，为什么不马上改？这和 10 月份有什么关系！8 月份业绩不好的话，那就从 9 月份开始改！'"

在年度中间变更组织结构会给管理部门造成很大负担，但这不是最应该考虑的问题。对京瓷来讲，最首要的是"一定要从现在开始建立一种具有竞争力的体制，否则必败无疑"。

● 组织变更是家常便饭

从创业时开始，京瓷就一直坚持根据实际需要临机应变，改变组织结构。以前甚至有过早晨组建的新阿米巴到了晚上就被解散的情况。

即使是现在，科级阿米巴的分裂、合并、领导人的更换也很频繁，每月大约有 30 件。而系级阿米巴或班级阿米巴的组织变更次数已经多到没人能数得过来的程度。

事业本部级别的组织变更也很频繁，从来没有哪个事业本部能够保持同一体制两年不变。甚至有时候会突然决定把某事业本部一分为二。

- **灵活应对市场变化**

稻盛先生在《提高心智，扩大经营》一书中提到："我并不觉得在企业经营中存在什么非此不可的组织结构。（中略）我觉得组织就是公司存在并不断发展下去所需要的要素集合。我就是抱着这样的想法，根据需要随时调整组织结构，进行最合理的人员分配，以期靠最少的人数完成企业的使命。"

无论分裂还是合并，灵活性最强的还是人。阿米巴经营正是通过随机应变调整组织结构来适应市场变化。

- **重组业务流程**

90 年代初，流程再造这种管理方式曾一度非常流行。其目的在于重新思考企业的业务流程，进行一场根本性的变革与创新。通过流程再造，可以改进原有的组织结构或工作方式束缚下的效率低下的流程，让新流程更加符合经营需要，更加流畅、合理。

随着对过度的流程再造的批判，最近已经很少听到这个词了。但根据环境变化重新设计业务流程这一思路今后仍将是所有企业面临的一个重要课题。

如同上文中刚刚提到的稻盛先生所说的，在京瓷，一旦发现现有组织结构不合理，要立即对阿米巴进行分裂或合并。这其实就是对最合理的业务流程的一种探索。

领导人对阿米巴的经营了如指掌，阿米巴成员也有很高的工作热情，这就是业务流程合理的标志。为达到这一状态需要进行反复的调整，也就是说，正是由于可以随时调整阿米巴组织结构，才能及时发现业务流程中的不合理因素。

- **对组织变更没有抵触情绪**

由于组织变更会增加许多事务性的工作，而且还有可能遇到管理层待遇调整困难等问题，在大多数企业，员工多少会对组织变更产生抵触心理。因此，结果往往是维持效率低下的现有组织结构直到组织完全瘫痪。

在京瓷，所有员工对于分裂或合并阿米巴已经形成一种基本的共识。而且对组织变更本身也已司空见惯，因此没有人觉得这是多么特别的事情。

如果有更合理的组织，那么理所当然要采用。对此，管理部门无权阻止。京瓷管理部门的所有员工皆称“我们只不过是后勤”。管理部门如果没有这种心态的话，阿米巴经营是无法成立的。

更准确地说，管理系统本身的灵活性设计正是为了迎合这种频繁的组织变更。

三、新项目的创建

● 阿米巴成长为新事业

以上是对阿米巴的分裂、合并的说明。接下来让我们看一下新项目从创建到最终实现商业化的整个成长过程。

专门生产精密陶瓷发家的京瓷现在已经把事业扩展到电子元件、半导体零部件、相机等光学仪器、打印机等信息设备、手机等通信设备等众多领域。除此之外，京瓷还通过 DDI、TAITO 等相关公司开始把业务扩大到通信服务和娱乐行业。

我们可以从组织的角度把京瓷的事业扩展看成是一部阿米巴诞生和分裂的历史。

● 研究本部和事业本部内的开发部门

在京瓷，基础研究在研究本部进行，应用研究由各事业本部的开发部门负责。

现有事业的衍生课题，由事业本部内的开发部门负责探讨，明确目标后进入量产。光纤通信零部件光纤连接器就是由滋贺工厂负责精密加工开发的部门开发，后来在北见工厂正式投产的。

而研究本部的研究成果有两种去向：一种是由关联性比较强的开发部门接手，进一步完善后发展成一项独立的业务；还有一种是不经过开发部门，直接上线投产。比如半导体产品上用的基板的新制造法就属于前者，而传真或打印机的零部件热敏头就属于后者。

● **事业本部接手后立即开始核算考核**

研究本部不进行核算考核。但事业本部一旦接手，就要开始考核单位时间核算。

前章中已经提到过，核算数字本身并不重要，但该课题何时才能转化成利润是每次会议必问的问题。光纤连接器和基板在最初几年也是连续亏损，承受了很大的压力。但开发部门抱着背水一战的决心，经过坚持不懈的努力，现在已经成长为一个非常重要的部门。

● 项目负责人要负责商业化之前的所有工作

通常，项目负责人要负责从研究开始到商业化之间的所有工作。热敏头是受一家大型电器精密仪器生产商委托开始生产的产品。最初，由综合研究所的三位员工亲自进行焊接试制后直接交给客户。渐渐地订单越来越多，仅靠研究所的生产已经无法满足客户的需求。再加上当时已经预测到该产品将来有很大潜力，于是正式上线投产。京瓷让这三位员工担任领导人，为他们配备了必需的设备和人员。其后，该阿米巴随着事业规模的扩大，渐渐分裂成采购、订购、各制造工序等多个阿米巴。

设备计划或未来构想也由从研究阶段开始参与的开发人员负责。他们将来还要继续率领该阿米巴努力提高核算。因此，开发人员不会搬起石头砸自己的脚，忽视市场需求胡乱开发。而且开发人员在开发阶段还会主动考虑到量产后的成本。

● 主动寻求合作

如何管理研究产品商业化之前的一系列过程，对阿米巴领导人来说至关重要。

即使是基础研究，最终也要以某种方式反馈到实际业务中去。有位员工这样讲："如果让研究所自己选课题，通常都会选自己喜欢或感兴趣的，最终可能对实际业务没有一点帮助。”开发人员要想把握市场动向，必须要和销售或制造部门进行沟通。

而且如果什么都等上司指示那就太迟了，要积极主动地与相关部门进行接触，获取信息或资源。在这一点上，同非研发部门一样，研发部门也同样体现了阿米巴经营靠的是领导人的自主性这一特征。

- **创业精神**

第一章中曾提到过，太阳能新能源事业部部长手家博文先生从其他公司跳槽进入京瓷时，对京瓷的做法感到很吃惊，“不仅要搞开发，还要负责制造、工程设计、挑选零部件供应商、合作公司的生产线启动、品质保证、营业等等。要想把业务开展下去，这些工作都得做，当时我的脑袋都大了。”

近几年，随着公司规模的扩大，越来越多的项目在中途就可以交接给各事业部。但“科研人员并不是把产品开发出来就万事大吉了，要全面负责直至产品实现商业化”的创业精神依然存在。

阿米巴经常被比作一个乡镇工厂，而研发领导人就好比是这个工厂的创业者。只有站在经营者的角度积极主动埋头苦干，才能把一粒粒小种子培养成一项项具有竞争力的新事业。正是这种企业文化托起了京瓷高水平的研发能力。

第七章

通过阿米巴经营实现企业变革

一、阿米巴经营的咨询业务

● 阿米巴经营的扩展

前面六章是有关京瓷阿米巴经营的说明。现在，实施阿米巴经营的不仅仅是京瓷或其集团企业。序章里笔者已经提到，KCCS 自 1989 年即开始从事阿米巴经营的咨询业务。

KCCS 的咨询业务是在短短 10 个月内，制定一套合理的组织再造及运营规划方案，并辅导企业直至该企业能够自主实施阿米巴经营。KCCS 之所以能提供如此全面的服务，正是基于其多年来在京瓷内部积累起来的丰富经验和实际管理知识。而且，相对于企业凭借自身力量进行改制，顾问作为第三方在重新划分组织结构或制定运营规则时，可以站在一个更客观的立场上，不徇私、不妥协。

图 7-1 是 1996 年前引进阿米巴经营的企业（85 家）规模分布图。虽然一半以上的企业（51 家）员工人数还不到 200 人，但有 4 家是员工人数超过 1 000 人的大型企业。图 7-2 是行业分布图，图 7-3 是业态分布图。目前引进阿米巴经营的企业涉及众多行业。本章里列举的 SYSTEC 和 DISCO 两家企业虽属制造业，但从上述图中可以看出，有许多非制造业的企业（比如商社、服务业）也引进了阿米巴经营。

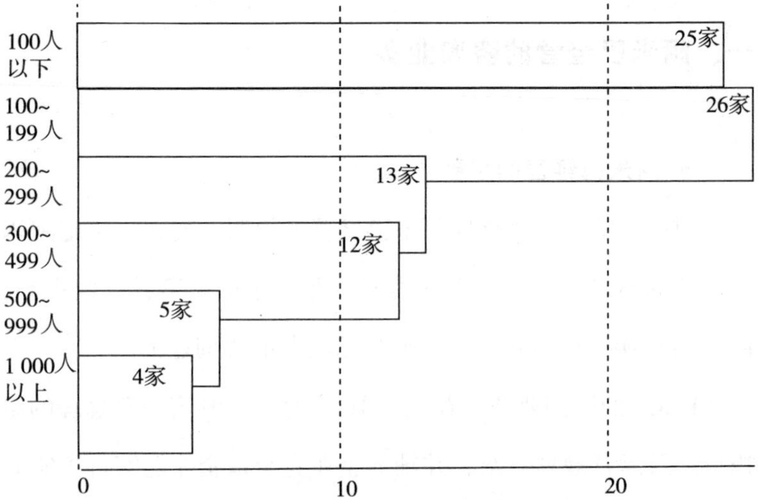

图 7-1　引进企业的规模分布图

由此可见，以中小企业为主的各行业企业为了能成长为第二个京瓷而引进了阿米巴经营。除此之外，KCCS 开设的“阿米巴经营研究会公开讲座”场场爆满，从大家津津有味地倾

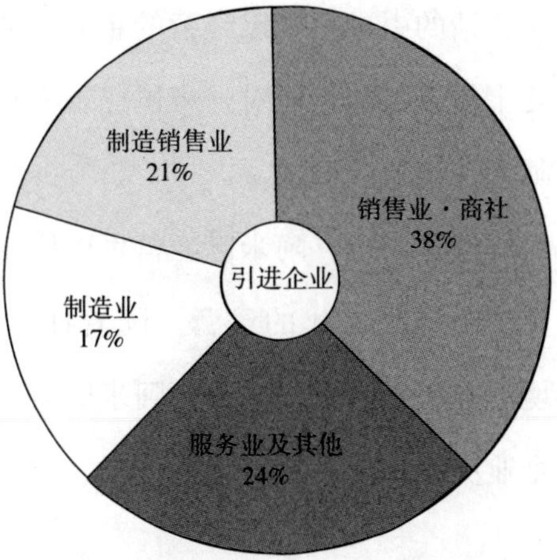

图 7-2 引进企业的行业分布图

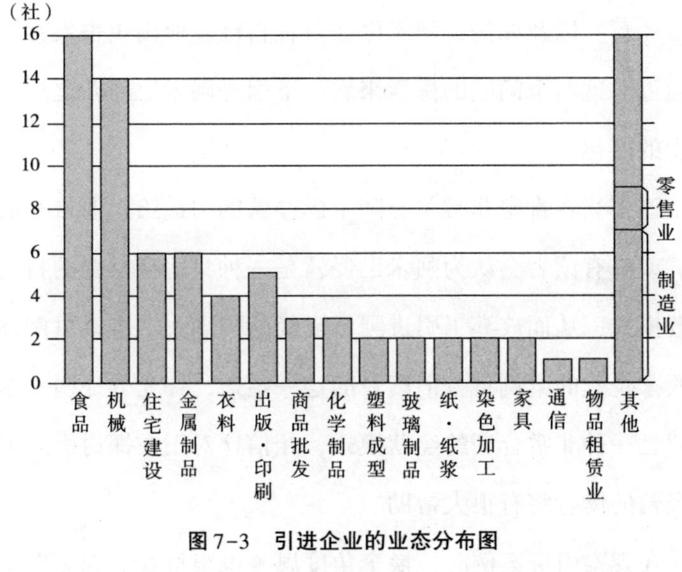

图 7-3 引进企业的业态分布图

听京瓷或京瓷邀请的引进阿米巴经营的企业人员的谈话中可以看出，还有几十倍数目的企业对阿米巴经营抱有浓厚兴趣，正在认真探讨阿米巴经营的引进。

笔者已经反复提到过，阿米巴经营可以培养具有经营者意识的人才，实现全员参与式的经营。随着社会环境的剧烈变化，经营环境不确定性因素的增加，阿米巴经营的这一优势会越来越受到企业决策层的关注。

● 引进阿米巴经营后的变化

本章里主要围绕两个问题进行介绍：企业为什么要引进阿米巴经营？以及如何让阿米巴经营在自己企业内生根发芽？我们通过对这两个问题的探索来看一下引进阿米巴经营之后企业发生的变化。

许多读者肯定非常关心阿米巴经营的引进给企业带来的变化。或许有读者会认为阿米巴经营是一种只适合京瓷的特定的经营模式，从而放弃了引进阿米巴经营的念头。本章里阐述的这两家企业的案例将打消读者的这一疑虑，并充分证明阿米巴经营是一种非常合理的经营模式，相信这对正在探讨引进阿米巴经营的读者将有很大帮助。

在观察引进案例时，换个角度思考也很重要。因为在京瓷看起来理所当然的事情，到了组织文化全然不同的企业可能就会变成一种障碍。通过分析这些企业的经验和教训，可以找到成功引进阿米巴的关键，同时也可以了解促使企业焕然一新的是阿米巴经营的哪一个侧面。

二、株式会社 SYSTEC 的案例

• 连续多年没有盈利

SYSTEC 总部位于滨松市，集团员工总数 270 名（1996 年 7 月），主营业务是根据电脑生产商的委托进行电脑周边设备的开发、设计和制造。

泡沫经济破裂后，该公司业绩持续低迷，连续多年利润为 0。由于经济形势不好，大公司纷纷裁员。受此影响，SYSTEC 派遣出去的 60 位技术人员遭到辞退，公司陷入严重危机。

该公司创始人，也就是社长梶村武志先生回顾当时的情形时说："有时候年底奖金只相当于一个月的工资。"正走投无路时，他经朋友介绍参加了盛和塾（由稻盛先生担任塾长的、指导年轻经营者的学习型组织），了解到许多成员企业引进阿米巴经营后取得了巨大的成功。

• 经营体制、运营规则简单明了

阿米巴经营引起了梶村社长的浓厚兴趣，"创业初期，我

们的经营方式和阿米巴经营非常相似，也是把组织划分成许多小集体，每天统计销售额和费用。”但这种方式仅仅在公司员工少于100名的时候发挥了一定的作用，“京瓷的做法和我们最大的不同在于京瓷有非常明确的运营规则，而我们主要还是靠社长一个人，更准确地说，我们的规则仅限于社长的管辖范围内。”

阿米巴的经营体制简单明了，运营规则也非常完善。梶村社长凭直觉感到“我们肯定也可以实施阿米巴经营”。并且梶村社长也非常赞同稻盛先生的经营哲学，于是毅然决定引进阿米巴经营。

- **最初员工对此反应冷淡**

但当时SYSTEC上年度的营业利润只有300万日元，管理层对能否支付得起咨询费深感怀疑。理所当然的，六位部长集体反对，“我们负担不起，这怎么可能呢！”但社长没有妥协，“按照目前的状态发展下去，公司不会有什么前途，必须采取措施。反正贷款的是我，请允许我按我自己的意思办吧。”就这样，半强制性地作出了引进阿米巴的决定。

1994年7月，SYSTEC正式开始引进阿米巴经营，其过程并非一帆风顺。尤其是本应该起带头作用的管理层的意识迟迟没有改变，“京瓷是京瓷，我们是我们。公司规模不同，文化也不同。阿米巴经营怎么可能适合我们呢?”很长一段时间内，大家反应非常冷淡。“既然是社长决定的，或许有点儿用吧，姑且先跟着干吧。”这一消极的态度在当时已经算是比较正面的了。

同样，员工也迟迟不肯接受，“突然提出来谁能做到啊”，“不知道该从哪儿下手，理解不了的东西没法执行”。

- **采取各种措施改善气氛**

为了改善这一消极的氛围，梶村社长采取了各种措施。比如，从项目开始到12月份的这五个月中，频频到现场巡视，亲自向员工解释自己的想法。

从1995年4月开始，梶村社长把每个月的会议重点从实绩分析转移到计划制订。对于领导人制订的计划，不轻易妥协，尽量要求他们制定一个更高的目标，抱着稻盛先生所说的“小善如大恶、大善似无情”的“铁面无私”的心态严格要求、鞭策每一位员工。几乎就在同一时期，梶村还选拔了一位积极推进阿米巴经营的员工作为推进负责人。

SYSTEC引进阿米巴后还加入了一些自己的想法，比如按业绩高低排列各阿米巴的单位时间核算表，这给员工带来了很大的触动。梶村社长很清楚每个阿米巴所处的环境和工作内容大不相同，但仍然坚持使用单位时间核算进行统一评价，宣布

“这个月××君率领的××部门的单位时间核算最高，是××日元”。这一做法大大促进了阿米巴之间的竞争，使得领导人再也无法无视其他部门的核算。

- **发生戏剧性的转变**

在社长尝试了各种鞭策措施之后不久，1995 年 6 月左右开始，公司的氛围发生了翻天覆地的变化，并着实反映在了单位时间核算上。SYSTEC 能够持续运转的基准，即员工平均工资是 2 200 日元，4 月份的时候，15 个阿米巴中只有 4 个阿米巴的核算达到了该标准。而到了 9 月份，几乎所有阿米巴的核算都超过了标准。

这说明，决策层强有力的领导能力是保证阿米巴经营的引进工作取得成功的原因之一，同时，推进负责任人的选拔也很重要。

成果作为具体的数字出来后，所有人都切实体会到了成功的喜悦，“虽然很辛苦，但我们终于完成了一个目标”。直到现在，福田工厂的墙上依旧保留着 1995 年 6 月和 7 月的核算表。这两个月也是有史以来最辛苦的两个月。“我们绝不能忘记那段最艰难的日子”，为了不让时间冲淡当时的喜悦，领导人迟迟没有取下当时那两个月的核算表。

● 领导人有了自信

引进阿米巴经营之前，制造部门连续七年赤字，濒临破产。1994 年 7 月阿米巴经营正式开始运营，到 1995 年 5 月，单位时间核算的平均值也不过是 1 506 日元。自 6 月份以后该部门核算再也没有低于标准工资线，平均值一跃达到 2 593 日元。

阿米巴领导人告诉笔者："订单量上下浮动时，我就想办法进行合理的人员调整或缩减外包加工费、消耗品费等，全力以赴达成目标是个很有意思的过程。"此前在同一岗位干了很多年的员工此时也开始体会到工作的乐趣，感受到"亲自经营一个阿米巴"所带来的成就感。

当不可能变成了可能，员工渐渐树立起了自信心，"以前去参加总部每月一次的经营会议，感觉就是去挨训的，很是郁闷。但现在可以挺起胸膛去了，还有些迫不及待呢。"甚至还有员工表示说："希望单位时间核算能超过京瓷。"

1996 年 5 月的社内研修会上，制造部门领导人发表了迄今为止的各项活动及其成果。言语中让人很难想象这和以前是同一个人。在谈到今后的计划措施时，他说："我将进一步推动阿米巴经营的渗透和融入，促使全体员工养成每个人都是经营主角的习惯，建设一个能不断创造更高价值的职场，争取在 1996 年度内把单位时间核算提高到 3 200 日元。"这个数字不是社长施加的，而是他们主动提出来的，是一个向更高目标发起挑战的许诺。

- **工作变轻松了**

让笔者十分意外的是，尽管每个月的目标都很有挑战性，很困难，但几乎所有员工都说“工作比以前轻松多了”。

有位领导人告诉笔者：“以前是在一种非常混乱的状态下工作，为了完成规定的数量伤透了脑筋，而现在有了核算表可以参考，下一步该干什么一目了然，再也不用做一些无用功了。我们以前工作也很认真，可能就是没做到点子上吧。”

阿米巴经营正式步入轨道后的第四个月开始，每月截止日前十天差不多就能预测出当月的最终损益情况，如果出现问题，可以尽快采取措施解决。以前，制造部门的阿米巴领导人每天光是处理工厂的内部管理工作就忙得不可开交，现在甚至还有空闲时间，工作量少的时候会越过销售部门，直接去客户那里争取订单。

除此之外，部门间的横向交流也越来越频繁，借用阿米巴领导人的话说就是：“以前有的部门到了点就下班，也有的部门一直干到很晚。引进阿米巴经营之后，通过部门间人员互调，基本上是干到 7 点大家一起下班。”

● 竞争圈子不断扩大

阿米巴经营在SYSTEC内部引发了各种各样的竞争。比如上文中提到的按照成绩高低张贴各阿米巴的单位时间核算表。在乎输赢的不光是领导人，还包括底下的员工。有位领导人苦笑说："如果没有充分采取措施，下边的员工就自动找上门来了。"引进阿米巴经营后，部门停止了QC活动，但提案件数不但没降反而增加了。

更有意思的是，最热心于阿米巴之间竞争的居然是临时工。他们也知道核算情况，据说临时工凑在一起时经常会互相比较所属部门的单位时间核算。

工厂业绩的提升也大大刺激了总部的开发部门。听说自己部门的单位时间核算目标低于制造阿米巴后，该部门主动把目标又提高了1 000日元，令梶村社长都感到非常吃惊。

● 领会社长的思想，统一方向

曾有一位阿米巴领导人在社内问卷调查上这样写道："现在终于能和社长想到一起去了。通过阿米巴会议或每个月同社长的谈心例会，我明白了社长的想法。我感觉自己从真正意义上体会到了什么叫做方向一致。"

梶村社长说："以前我提出要求，他们要么漠不关心，要么勉勉强强地应付。而现在，基本上不需要强制，他们会主动理解我的想法。”

并且他们能积极地把社长的想法落实到具体目标上。谈起阿米巴经营，社长感慨万千，“由于目标是抱着一种必须要达到的心态制定的，因此通常都能实现。而且阿米巴经营模式可以让整个经营过程一目了然。阿米巴经营就是把每天的成果一点点汇总起来，是一套非常好的经营模式。”现在梶村社长正积极向其他企业推荐阿米巴经营。

SYSTEC 的最终目标是“Small Giants”，也就是“规模小没关系，但一定要做一个为社会为地球作出贡献的全球性企业”的意思。以前连年贷款，靠委托加工努力挣扎在生存线上的 SYSTEC，通过引进阿米巴经营，大大增强了企业体质，开始一步步把“梦想变成现实”。“梦想一定会实现的”，梶村社长的话语中流露出无比的自信。

三、株式会社 DISCO 的案例

● 所有企业都可以引进阿米巴经营

SYSTEC 的社长是盛和塾的学生，所以可能有人会误以为只有盛和塾的学生或者信奉稻盛哲学的企业才能引进阿米巴经营。

实则不然。任何企业都可以引进阿米巴经营。许多成功引进阿米巴经营的企业都不是盛和塾成员。这里要介绍的 DISCO 就是其中一例。该公司的案例应该对不懂稻盛哲学，但对阿米巴经营很感兴趣的读者有很大帮助。拿 DISCO 作例子的另一个理由是想告诉读者，引进阿米巴经营时，不必全盘照搬，可以根据实际情况进行局部调整。接下来的说明也是着重围绕这一点展开的。

话虽如此，DISCO 的阿米巴经营并没有完全脱离京瓷阿米巴经营的本质。“全员参与”、“透明的经营”、“人才培养”作为阿米巴经营的真谛是不可或缺的。DISCO 的推进负责人正是在深刻理解阿米巴经营本质的基础上，实现了阿米巴经营的“似是而不非”。这一点绝不容忽视。

● 事业部制组织的核算管理办法

DISCO 是半导体切削切断设备的最大生产商，国内市场份额高达 90%。该公司改制成事业部制时，曾一度探讨过“在原有的财务会计制度下，是否很难管理各事业部的损益”的问题。如果只需把握公司整体的盈利，财务会计完全能够胜任，但如果要对每个下级组织的盈利进行管理，就必须改进现有的会计管理制度。于是 DISCO 想到了引进阿米巴经营作为管理各事业部核算的手段。

正如经营助理本部长中山勉先生所说，DISCO 引进的是阿米巴经营的制度，而非哲学理念。不过这并不意味着阿米巴经营的哲学理念是多余的。而是因为引进时，以中山先生为首的推进负责人发现，自己的企业文化已经非常接近于阿米巴经营要求的思维方式。

具体地说，DISCO 引进阿米巴经营以前，QC 活动就已得到蓬勃开展，并有了全员积极参与改善活动的土壤。这和阿米巴经营是相通的。因此，在 DISCO 看来，在现有氛围的基础上直接引进阿米巴经营的制度部分，更有利于阿米巴经营的渗透及运行。

- **为 QC 活动提供了工具**

我们也可以这样认为，在 QC 活动的基础上创建阿米巴经营模式，其实是为现场的改善活动提供了更加强有力的工具。中山先生告诉笔者："当然，在引进阿米巴经营之前，我们也有降低成本、提高收益的意识。但是不太明白具体该如何去做。"

QC 可以帮助员工找到解决问题或设定课题的办法，但在追求利润这一方面还远远不够。而阿米巴经营模式下，可以借助单位时间核算设定一个非常明确的利润目标。一旦有了盈利压力，人的思维方式就变了。如果整天要求现场员工降低成本，他们也觉得没意思。但如果换成考虑如何盈利，就会变得全力以赴，想方设法压缩组装时间或主动降低成本。而且，由于通过核算表可以很清楚地看到努力的结果，员工“盈利”的积极性也会大大提高。

- **推进信息化系统建设**

不能忽视的是，信息化系统的使用也是DISCO成功引进阿米巴经营的一个因素。决策层出于对“阿米巴经营的引进会大大增加管理时间和成本”的担心，在引进阿米巴经营的同时，积极推进信息化系统建设。

结果，信息化管理大大减少了票据处理、数据输入等管理的工作量。再加上对现有票据的活用，避免了管理成本的增加。

但最能体现引进效果的还是经营透明度的提高。引进阿米巴经营之后不久，DISCO就建立起了所有现场员工可以随时查看截至前一天的单位时间核算、销售额或费用明细的体制。通过这一体制，可以随时获取各项信息，并根据每个月的剩余天数及时调整策略。

经营助理本部经营信息部经营管理科的青木正道先生告诉笔者：“以前营业科只负责提高销售额，实际上有没有利润营业人员并不知道。即使是部长级别，也只会要求部下提高销售额，而不是利润。部长大致也知道‘从销售额和费用的关系推断，现在利润大致是这么多，还需要进一步提高’，但很难针对具体问题作出更加明确的指示。”

但在新的管理模式下，“卖给哪里多少钱，作为佣金，有多少钱从制造部门划过来都变得一清二楚”。哪怕是该公司创业以来的主营业务——有着数千个品种的磨刀石，也可以按照品种及时统计出各项数据。领导人轻而易举地掌握了各自阿米巴的销售额、费用及利润明细，通过增加销售额、削减费用、减少时间等措施大大提高了企业利润。

- **增强企业“体质”**

通过在 QC 活动基础上直接创建阿米巴经营，彻底实现办公信息化等措施，DISCO 顺利引进了阿米巴经营模式。所有员工积极投入工作，大大增强了企业“体质”。

以前，制造部门经常抱怨场地太小，作为阿米巴独立之后，反而以“不需要这么大”为由，提出归还部分场地。间接部门也不断受到各利润中心“总部费用和事业部间接费用怎么这么高”的指责，逐步产生了核算意识。

引进阿米巴经营之前，工厂里的检品工序只是一个成本中心，只负责筛选一遍产品，费用和时间也由制造部门承担，所以比较被动。引进阿米巴经营之后，检品工序就变成了一个独立核算的阿米巴，要从制造部门的最后一道工序购买产品，根据自己的服务，加上相应的附加价值后再卖给销售部门。当看到自己的工作创造出利润后，员工开始主动采取各种改善措施。

除此之外，阿米巴经营还有许多其他的效果，可以说不胜枚举。和其他引进阿米巴经营的企业一样，DISCO 上下部门间的沟通变得更加顺畅。在日常的阿米巴活动中，上级部门可以轻易了解到下属的工作情况，并从中不断挖掘出新的人才。而且，“处在一种好的管理体制下”，对决策层本身来说也是件非常宽心的事情。

• 结合实际进行局部调整

为让阿米巴经营发挥更大的效应，DISCO 根据实际情况进行了局部调整。比如，在会议上，为了让计划进度一目了然，采用了投影方式，并使用红、黄、绿三种颜色区分业绩。另外，设置奖项营造游戏氛围，通过各种办法调动员工积极性，促使员工付出最大的努力。

接下来让我们看一下主营业务——半导体切削切断设备事业部的半成品库存计算。半导体切削切断设备的生产周期非常长，从接到订单到交货需要三个多月的时间。对于此类产品，最初 DISCO 同样根据京瓷的基本规则，不设置半成品库存，一旦使用了材料，就记入当月费用（参考第四章）。

但这种方式导致每个月的单位时间核算波动很大，投入了材料但没完成生产的月份核算很低。相反，不发生费用的月份核算就变得很高。因此，在经营会议上进行反省时，员工动辄将原因归咎于“正在生产”或“因为上个月没做完，这个月才出的货”，所以核算非常不透明。

对待此类生产周期长的产品，还有一个办法，就是按照工序把整个生产流程分成几个阿米巴，每个阿米巴工作完成时，计算其销售额。通过这种方法可以知道，产品停滞在哪道工序以及生产中是否存在浪费现象。

但 DISCO 并没有采用这个办法。而是按照产品种类（非工序）重新划分阿米巴，每种产品从第一道工序到最后一道工序都由同一个阿米巴管理。另外为了便于核算考核，设置了半成品库存，所有费用都在出货当月计入。虽然要进行复杂的半成品库存计算，但生产一台设备所需的费用、时间以及其销售额同时反映在同一个月的核算表上，有利于掌握相互间的平衡。当然也可以轻易把握单位时间核算，也更易于管理。

至于为何宁肯设置半成品库存也不按照工序划分阿米巴，中山先生这样解释：“现场的员工还是倾向于同一件事情参与到底。最终结束生产、完成出货后才会有成就感，中途断开大家都觉得很无趣。”

● 似是而不非

除此之外 DISCO 还修改了其他一些规则。比如，有些费用不让发生部门承担，而是作为公共费分摊给所有部门。但独自制定此类规则时，一定要反复探讨是否有意想不到的纰漏，随时和京瓷的顾问保持联系，请他们帮忙检查是否合理。

最初，中山先生也非常抵触修改原则。对于自己做的部分修改，他表示："根据我们所处的经营环境，个别地方我们特意采取了和京瓷不同的做法，但这只是很小的一部分。"

他还特意强调"似是而不非"，也就是说，"独创性确实非常好，但我们也非常担心产生失误。……在这一方面，还是应该时刻注意检查是否违背了京瓷的原则。""在实施阿米巴经营时，只要能够意识到什么地方与出发点不同，出现问题时就可以及时调整回来。"

京瓷负责 DISCO 咨询业务的顾问也表示："中山本部长是在充分理解了阿米巴经营本质的基础上修订的规则，因此我们也非常放心。"

● 阿米巴经营的发展

DISCO 没有全面照搬，而是根据实际情况制定了一套适合自己的制度。同样，前一节中提到的 SYSTEC 也多少做了一些改动。

但他们都是在充分理解了阿米巴经营本质的基础上，探索出一套更适合自己的阿米巴经营模式。这种一丝不苟的精神进一步丰富了阿米巴经营，同时也蕴涵着创造出更加优秀的管理模式的可能。

结束语

——阿米巴经营的根本和实施

- **阿米巴经营的基本特征**

阿米巴经营，尤其是单位时间核算的各项指标，并不仅仅是管理层或经营者的管理工具，也是集结现场员工智慧的工具。阿米巴经营最根本的目的是实现全员参与的经营，是一种赋权管理模式。

与其说阿米巴经营的各项指标是以数字的形式把握现场状况，并由经营者在此基础上作出判断、采取行动的工具，不如说是现场员工亲自把握现状并在此基础上采取行动的管理方法。所以，各项指标必须是便于现场员工理解的指标。基于此，阿米巴经营模式更注重是否通俗易懂，而不是作为管理制度是否完美。最典型的一个表现就是采用所有人都理解的家庭收支簿的形式进行损益计算，而在其他大多数企业，只有部分具有专业知识的人才会计算。

谈起全员参与式经营，很容易让人联想到 QC 活动或

TQC。从吸纳现场员工智慧这一点来看，阿米巴经营和这些管理手法有很多相似的地方。但两者之间也有很大区别。大多数 QC 活动的自发性只是表面文章，而阿米巴经营模式下，员工把这种改善切实当成了自己的工作。而且，QC 活动重视的是质量、良品率、交货期等指标，而阿米巴经营追求的是公司整体创造的附加价值。从这一点来讲，阿米巴经营模式下，赋予现场员工的权限更大。可以说，阿米巴经营实现了真正的全员参与式经营。

- **实现阿米巴经营的基本条件**

阿米巴经营并不是单纯的利润管理手段，而是实现全员参与的经营方式。当然，光靠单位时间核算衡量现场业绩是无法实现参与式经营的。参与式经营的实现需要一定的条件，我们关注的主要有以下五点。在序章里，笔者提到过阿米巴经营是一种赋权式经营模式，正是因为具备如下这些条件才实现了有效的赋权。

第一个条件是企业内部的信任关系。作为经营者，要相信员工的能力，抱有企业发展需要依靠员工智慧的姿态。同样作为员工，必须抱有自己的努力和智慧关系到企业、客户甚至自己的长期利益的信念，只有这样才能实现全员参与式的经营。无论是经营者还是员工，必须把经营建立在互相信任的基础之上，这也是实现阿米巴经营的最基本的条件。

如果缺乏这一条件，就无法把一些重要的经营信息公布给员工。在一种总担心企业信息遭到泄露的疑神疑鬼的状态下，是无法实现全员参与式经营的。员工不是单纯用来利用的工具，而是经营共同体中的一员，领导人必须要有这样的姿态。正是基于这一点，京瓷的阿米巴经营并没有把阿米巴的业绩和员工的金钱报酬挂钩。

阿米巴经营成立的第二个条件是数据的严谨。如果做不到这一点，阿米巴经营就无法真正发挥作用。保证数据严谨的关键是经营者严肃认真的态度。经营者只有踏踏实实、认认真真进行经营，才能实现阿米巴经营。各阿米巴对待数字必须要有严谨、追究到底的精神。有了这种严谨和追究，才能发挥员工智慧，实现阿米巴经营。当然，如果只对员工提这样的要求，那阿米巴经营是长久不了的。全员参与式经营，并不是把经营扔给现场不管。阿米巴经营对经营者来说是一种非常“辛苦”的制度，不适合想借此偷懒的经营者。

以上也可以说是阿米巴经营成立的基本条件，但仅有姿态和决心还远远不够，还需要以下几点窍门。

- **阿米巴经营的创意**

阿米巴经营成立的第三个条件是及时把数字反馈给现场。

阿米巴经营是一种让现场员工根据数字作出判断、采取措施的制度。因此，必须及时把数字反馈给现场。如果等到一切无法挽回的时候，再把数字反馈给现场并追究现场的责任，会严重打击现场的积极性。因此，必须建立一种能够及时把数字反馈给现场的体制。

第四个条件是，时常检查阿米巴的编成是否符合工作特性（尤其是工作流程）。现代企业经营越来越重视灵活性和速度。如果阿米巴的分割和工作特性不符，就有可能在某些环节出现差错或无法灵活处理发生的问题。因此，如果发现有比现在更利于发挥阿米巴潜力的编成办法，要毫不迟疑地进行分裂或合并。而且这项工作要由熟知现场的阿米巴领导人来做。为了保证阿米巴经营的正常运行，必须反复检测阿米巴状态，根据需要灵活改变阿米巴的编成。

第五个条件是员工教育。现场员工如果缺乏一定的知识，就无法根据经营数字发现问题并找到合理的解决方式。这就需要基于实际案例加强现场教育，高层管理人员或经营者要有和阿米巴成员一起解决问题的姿态。尤其在引进的初级阶段，这种教育必不可缺。把经营扔给现场撒手不管，是无法实现真正的全员参与式经营的。同时，各阿米巴之间应该学会分享解决问题的智慧。

前一章中已经说过，阿米巴经营同样适用于京瓷以外的其他企业。但必须是在这些条件都具备的前提下。尤其是前两条，如果不具备这两条，就不适合推行阿米巴经营。

• 日益普遍的全员参与式经营

当然，每个企业的经营氛围或环境不尽相同，这就需要适当的调整经营方式。每个企业都要根据实际情况进行变通。实际上，虽然名字不是阿米巴经营，或者没有采用单位时间核算制度，但让一些小规模的组织单位承担利润责任的经营制度在许多国家都很普遍，这也就是我们所说的小型利润中心。

比如德国某汽车生产商在 QC 活动基础上，进一步引进了集体利润责任制度。除此之外，德国某精密仪器生产商为了进一步明确小型组织单位的利润责任，重新布置生产线，在各小集体之间加上隔断。在美国，美国通用汽车公司的子公司土星汽车公司（SATURN）通过以现场为主导的参与式经营，取得了巨大的成就。

另外，在日本，除京瓷和引进阿米巴经营的企业之外，采用独特办法设置利润中心的企业日益增多。参考文献中列举的埼玉 NEC、幸田索尼、美浓加茂索尼、三洋化成、软银、大阳工业、前川制作所等，也通过赋权大大提高了企业利润。今后，把利润责任或附加价值责任下放给现场，充分发挥现场员工智慧的全员参与式经营将会日益普遍。

后记

本书的问世完全得益于以下众多人士的鼎力相助。在此向各位表示由衷的感谢。

首先，我们要向阿米巴经营的创立者——京瓷名誉会长稻盛和夫先生表示崇高的敬意。阿米巴经营是一套非常合理且震撼人心的经营模式。本书中引用了稻盛先生的著作及演讲记录的众多内容。

另外，我们还要感谢 KCCS 的森田直行社长。森田社长多年来一直从事阿米巴经营模式制度部分的建设，不仅爽快地同意了本书的出版，而且在调查过程中也积极配合采访，给予了我们很大的帮助。

此外，该公司咨询事业本部长藤井敏辉董事、人才开发科负责人竹松健治先生不仅积极配合采访，还在百忙之中安排我们进行各类调查，在此向两位表示衷心的感谢。另外，也向其他积极配合我们采访的鹿儿岛系统开发部长渡边顺、经营咨询事业部副部长横幕功、九州咨询科负责人原田拓郎表示诚挚的谢意。

配合我们采访和调查研究的还有京瓷精密陶瓷事业本部部长中村升常务、太阳能新能源事业部部长手冢博文、研究企划部长宫田秀典、鹿儿岛国分工厂副厂长永田龙一、半导体零部件第二事业部长前耕司、国分叠层 G 管理科负责人肝付弘幸、PGA 制造科中村健次、机构零部件事业部制造科负责人龙原次雄、会计科负责人田熊道由、经营管理科一科负责人山下义治、生产管理系负责人宫地和弘、京瓷 ELCO 株式会社董事兼国内第二营业部长佐佐木武夫等，在此一并表示衷心的感谢。

我们还参加了 KCCS 主办的阿米巴经营研究会，聆听了京瓷会计部长石田秀树、经营管理部长和泉政义、滋贺物流科水谷敏之、KCCS 福井诚常务等的演讲，并将以上各位的部分演讲内容也收录在了本书中。

此外，我们还得到了事例介绍中提到的株式会社 SYSTEC 的梶村武志社长、管理本部长中村茂、生产本部本部长代理守屋伸吾、制造部部长代理诸田秀幸、制造部第一科长三浦洋一、第二科长水谷克彦、第三科长清水常宏，以及株式会社 DISCO 董事经营助理本部长中山勉、经营管理科主事青木正道的大力协助。

对以上诸位的采访远远超出了我们的预想，他们的访谈深深触动了我们，诸多感激之情不知如何表达，只有由衷地说一声："谢谢你们!"最后，向钻石社出版局黑木荣一先生表示感谢，感谢他在本书出版过程中给予的帮助。

延伸阅读

稻盛和夫一生都在贯彻“作为人，何谓正确？”，在这过程中，领悟出了“京瓷哲学”，而这种经营企业和度过人生的正确方式正是《思维方式》一书的核心。稻盛和夫用“京瓷哲学”这盏明灯，在自己人生的各个重要阶段都做出了正确决断。在稻盛和夫诸多判断中，备受关注的正确判断，正是拯救了破产的日航，《日航的奇迹》是转化“京瓷哲学”的完美案例。

《付出不亚于任何人的努力》

稻盛和夫不仅讲到“以身作则、身先士卒”等古今中外都有共识的领导黄金法则，更是将手法与心法相结合，指出成为领导者所需要的要诀及修炼路径：思维方式、付出不亚于任何人的努力、利他行善等。

《心与活法》

稻盛和夫历年在盛和塾的演讲实录精选，集结成十二篇深具启发性的文章，阐述“心态”“思维方式”对人生与经营的重要性。

《京瓷哲学：人生与经营的原点》

稻盛和夫说，本书是我的“想法”和“活法”的原点，汇集了我八十多年来的经营活动和人生旅程的精华。我衷心希望本书不仅对商业人士能起到帮助，还能对其他各行各业的人们，譬如教师、学生甚至家庭主妇起到“人生指南”的作用，祝愿本书能够帮助各位读者获得充实的经营成果和人生收获。

《思维方式》

思维方式决定人生方向。稻盛和夫首次精讲“成功方程式”的核心要素——思维方式。心灵与行为高度融合的指导。企业经营与心灵管理的经典指南。

《日航的奇迹》

稻盛和夫：为了重建破产的日航，我带着自己最信任的大田作为助手一同前往。本书不仅原原本本地记录了日航重建的整个过程，而且完整地阐述出了其中蕴含的经营和人生的真谛。

《利他心》

稻盛和夫在《活法》中谈道：“利他本来就是经商的原点。”在稻盛和夫看来，无私是一种强大的领导力。作为一名领导者，要想将一个企业或者组织凝聚起来，使其获得成长、发展和壮大，就必须具备不畏自我牺牲的“利他心”。

识别二维码，
了解更多作品
电话：18613361688